看见孩子即看见未来

华东师范大学教授　华爱华

在人工智能迅猛发展的大背景下，基础教育界正聚焦"学校应如何创新变革，以应对快速到来且日益不确定的未来"这一话题展开热烈讨论。让人引以为豪的是，在2022年世界经济论坛（World Economic Forum）发布的《未来学校：为第四次工业革命定义新的教育模式》的报告中，中国唯一入选的教育模式就是以游戏为基本活动的幼儿园教育模式，而这也是报告中唯一入选的学前教育模式。可见，基于游戏的幼儿园教育具有面向未来的意义已成为共识。正是因为游戏具有不确定性的特征，才决定了幼儿学习的主动性和教学的生成性，从而激发人的灵活性、变通性和创造性。这些品质正具有对不确定的未来的最大适应性。

在游戏中，幼儿的学习与发展无时无处不在自然地发生着。因此，学会在游戏中发现幼儿的学习、在游戏中理解幼儿的发展，也成为成就教师专业发展的重要途径。近年来，凡是真正做到放手游戏的幼儿园，师幼共同成长的事实有目共睹：首先是幼儿在游戏中的发展直接可见，且发展水平令人震撼，甚至大大突破教师预设的天花板；其次是游戏带给教师前所未有的专业自信和职业幸福，让教师从心底相信儿童、敬佩儿童，确立起理解儿童、支持儿童的专业形象。

但我想指出的是，游戏促进幼儿发展是必然的，然则教师是否随之发展并不绝对。教师对待游戏的态度决定其发展成就。如果教师认定幼儿的游戏只是低水平的瞎玩，或者认为幼儿在游戏中是不会自然发生学习的，那么就会居高临下地对待游戏。在这样的视角下，幼儿常常是"这也不行、那也不会"。因此教师总是迫切地想对幼儿的游戏行为指手画脚，但给出的所谓支架往往是为幼儿的发展潜能设限，自己也无法从幼儿的游戏中得到专业突破。如果教师认定幼儿在游戏中有学习的内生力，认定即使教师不在面前，幼儿也会在游戏中自然习得经验、获得发展，那么他们就能俯下身来向游戏中的幼儿学习，去欣赏和研究幼儿的游戏行为。这样的教师不会急于介入幼儿游戏，而是通过对游戏的观察和倾听，反思自己的行为。他们眼睛里看到的往往都是幼儿在"既能也会"的基础上的发展可能性，思考的往往是"怎样的支架才能支持幼儿主动学习"。这样的教师将会伴随幼儿的游戏不断成长。

我很欣喜地看到《看见孩子》正在构建这样俯身向幼儿学习的平台。在这里，研究者和实践者作为一个共同体，一起研讨儿童的学习与发展，交流教师的反思与实践，呈现受益于游戏的师幼共同成长，共同探索面向未来、可持续发展的教育生态。

目录

放手游戏，
给天生的学习者发现世界的机会

文 / 安吉县儿童村儿童发展研究中心 宋丹

在游戏场上，作为游戏的观察者，我们经常会被幼儿在游戏中投入、喜悦的状态所吸引。但在由衷赞叹的同时，我们的内心仍会产生一些疑问，比如："这样放手让他们自己玩，真的可以吗？""他们遇到的问题有点难，我需要去教他们吗？""他们是玩得开心了，但这样能学到什么呢？"对于这些时常会冒出来的问题，我们或许可以从著名心理学家艾莉森·高普尼克（Alison Gopnik）的著作《孩子如何思考》中找到一些答案。

一、儿童擅长发现因果关系

发现事物之间的因果关系让我们拥有了反事实思维，得以发现现在的世界，想象可能的世界，进而去改变世界。而儿童就是因果关系大师，他们能进行反事实的思考，能计划未来、建构过去。"就算很小的孩子也已经形成了关于世界的因果知识，并会用这些知识预测未来、解释过去、想象存在或不存在的可能世界。"[1] 而在想象之外，因果知识也为创造提供了源泉，让幼儿能基于他们掌握的因果知识去创造。

在游戏场上，反事实思维不只存在于假装游戏中，而在任何游戏中都存在。也就是说，幼儿在各种游戏中都运用了他们积累的因果知识；而在调动、运用这些因果关系的同时，幼儿也获得了新的因果知识。不断积累、修正、迭代因果知识，也让幼儿拥有了创设复杂情境、解决复杂问题的能力。比如幼儿在解决积木搭不稳的问题时，他们的选择和策略就反映出了他们已经积累的因果知识："如果我小心一点，它就不会倒。""如果我用大一点的积木，它就不会倒。""如果我把这边压住，它就不会

倒。"他们也在尝试后获得新的因果知识："我已经很小心了，但它还是倒了，看来小心不是最重要的原因。""我用了大一点的积木，但它也倒了，看来换积木也不是万能的。""我压住了这边，它真的就不倒了，所以之前失败就是因为我没压住。"

儿童有惊人的学习能力，他们对统计、实验和模仿的擅长，让他们成了因果关系大师。

✚ 儿童擅长统计

"至少在两岁半时，可能还更早，孩子就已经能够利用概率来进行真正的因果推理了。"[2,3] 幼儿在与环境、材料、他人互动的过程中，就已经对大量的信息进行加工，并感知事物之间的联系以及各种事件组合发生的概率，从而进行因果推理，获得因果知识。

也就是说，幼儿在每天的游戏中，就在不断发现事物之间的联系，透过纷繁复杂的现象看到事物和现象的本质，形成对世界的认识，并基于此开展新的探索与发现。也许看起来，幼儿只是在不停地挖沙、铲沙，但这个小统计学家可能已经发现了在什么情况下，能挖出更多的沙子；也许幼儿看起来只是在一遍一遍地尝试站上滚筒，但他们可能已经感知到了哪一种姿势成功的概率更大。

✚ 儿童擅长实验

哪怕是很小的婴儿，也会"关注自己的行动所产生的结果"[4]，甚至"系统地探究不同肢体动作导致玩具动起来的可能性"[5]，更遑论学前期的幼儿了。

在游戏中，他们看似只是在随性地玩耍，其实也是在探索和实验。他们解决问题、实现游戏设想的过程就可以看作是一场一场的实验。有时候这些实验看起来就很像是"真正的实验"，成人也能一眼发现其中的假设、推理、调整，比如用各种方法让小球在积木轨道上滚得更快；也有的时候，这些实验难以为我们成人所发现，比如幼儿把不同的梯子搬来搬去，其实是为了找到一把大小合适的梯子；幼儿用水混合不同颜料不断搅拌，其实是在尝试调出自己想要的颜色。而无论是哪一种情况，都不可否认幼儿在其中的学习与探究。

✚ 儿童是模仿专家

儿童不仅能通过模仿他人来学习（不局限于模仿他人成功的过程），也能通过"避免他人的失败、

理解他人的局限来进行学习"[6]，甚至"可以辨识人们目标、行动和结果之间的因果联系"[7]。

所以，我们也可以重新认识一下那些"不游戏、只旁观"的幼儿，他们其实也在学习。通过观察其他幼儿游戏，这些幼儿即使自己不参与，也能获得丰富的因果知识，积累充足的经验。他们会从他人的成功中发现好的方法，也会在观察他人的失败中了解需要规避的行为。这些从模仿、观察他人中获得的知识和经验同样也帮助幼儿发现和理解世界的规律，并能为他们的创造和想象所用。那些在游戏的幼儿，同样也在游戏中观察着他人，包括同组的伙伴、不同组的幼儿、其他场地的幼儿，乃至其他任何人。

儿童是因果关系的大师，在与环境、材料、他人的互动中，他们积累了丰富的因果知识，形成了他们自己对世界的认识。而高普尼克也告诉我们，过去儿童被认为不够集中的注意力，正利于他们不断发现和探索。

二、儿童具有像灯笼一样的注意力

　　成人常常会为幼儿广泛的兴趣感到惊奇，在某些情况下甚至感到苦恼。在《孩子如何思考》中，高普尼克这样写道："如果说成人感知世界的方式是聚光灯，那么孩子感知世界的方式更像是能照亮四周的灯笼。孩子并不会仅仅体验着周围世界的某个地方，相反，他们同时生动地体验着所有事物。"[8]

　　像灯笼一样的注意力可能会在幼儿完成既定的任务时，起到一定的阻碍作用。如果我们给幼儿的是丰富的环境、不加限制的机会，那么注意力就为他们发现世界提供了可能性。

　　他们在沙池里游戏时不局限于关注自己的游戏，也会观察其他幼儿的游戏，甚至会关注到沙池里的小石子、某一处比较潮湿的沙堆、树上掉落的树叶、天气、风等。他们在拿到一架梯子时，也不会仅将此当作爬高的工具，而是能关注到梯子的重量、形状、材质等方方面面，关注到梯子与周围环境、与他们所能想到的任何事物和事件之间的联系，从而拓展梯子的用途，让"梯子不再只是梯子"。他们也能在解决问题时，超出成人所理解的正确答案，而关注到更多因素和可能性。

　　就像高普尼克说的，"正是这种十分宽泛的注意让孩子成为非凡的学习者。"[9]幼儿对环境和事物广泛的注意和探究，让他们更有可能去发现和创造，在发现和创造中去获得新的体验和知识，去发现他们的能力、培养他们的品质。我们也就不难理解在自主自由的真游戏中，儿童对世界多样的、生动的、超出成人所能想象的探索和发现了，也不难理解在真游戏中，儿童所表现出的"了不起"。

儿童是因果关系的大师，是天生的学习者，具有惊人的学习能力。儿童的注意力让他们广泛地对世界产生好奇，探索未知的方方面面。那么，"作为成人，我们应该怎么做"这一问题的答案就呼之欲出了。

既然年轻的大脑天生适合探索、需要探索，成人要做的就是给幼儿这样的机会、保障这样的机会，让他们有机会发挥他们注意力的长处，感知、注意世界的丰富性，让他们在自由自主的游戏中不断感受概率、不断实验，在这个过程中发现世界。

而如果以成人的视角和要求去控制、限制、引导，其实只是给了儿童原本可以拥有的发展机会中的一星半点，远远不及儿童能够自发注意、感受和发现的。

所以，回到最开头的疑问，相信我们都已有了答案。儿童的游戏就是学习，他们在游戏中感知、体验，获得丰富、多元的经验，获得大量的因果知识，获得关于世界的复杂、深刻的认识。

放手游戏，正是给了儿童——天生的学习者发现世界的机会。

参考文献:

[1][4][6][7][8][9] 高普尼克. 孩子如何思考 [M]. 杨彦捷, 译. 杭州: 浙江人民出版社, 2019:38,84,92,104,118.

[2]Sobel D M, Kirkham N Z.Blickets and Babies:the Development of Causal Reasoning in Toddlers and Infants[J]. Developmental Psychology, 2006, 42(6):1103-1115.

[3]Gopnik A, Sobel D M, Schulz L E, et al. Causal Learning Mechanisms in Very Young Children: Two-, Three-, and Four-Year-Olds Infer Causal Relations From Patterns of Variation and Covariation[J]. Developmental Psychology, 2001, 37(5):620-629.

[5]Bremner G, Fogel A. Chapter 5. Infant Learning and Memory[M]//Bremner G, Fogel A. Blackwell Handbook of Infant Development. Blackwell Publishing Ltd, 2007.

Hold* 住自己，
向指导孩子的游戏说"不"！

文 / 安吉县儿童村儿童发展研究中心 袁青 陈琳

* hold: 有"使保持某种状态"之义。

　　教师们在实践中常常会产生这样的困惑：幼儿的游戏一直重复、没有变化，没有出现预期的精彩的玩法时，教师需要引导吗？是否需要频繁更新游戏材料呢？在教师们提出这些困惑的时候，他们是否已经在心里给幼儿的游戏贴上了"不精彩"的标签？是否让心里预设好的"变化"和"玩法"框住了自己发现儿童的眼睛？是否忙于攀比"变化"而缺乏对个体差异的发现、理解和包容？

　　教师不妨反问自己：幼儿的游戏真的没有变化吗？是幼儿的游戏没有变化，还是幼儿游戏的变化不在教师预期的轨道上？我为什么没有观察和关注到这些变化呢？重复性的游戏行为对幼儿有哪些意义呢？

一、"重复"中蕴含幼儿的多样性和特殊性探究

　　"重复性游戏"其实是幼儿特殊性探究和多样性探究的过程。当幼儿刚开始接触游戏材料、游戏玩法时，处于特殊性探究阶段；玩过一段时间游戏以后，幼儿已经熟悉或掌握了游戏材料的一般玩法，他们自主自发的游戏愿望和游戏需求引发了后续的多样性探究。

　　例如，当幼儿已经掌握了爬上滚筒的技能之后，开始思考：滚筒还能怎么爬上去？还能玩什么？在行动上，幼儿可能会躺在滚筒里，用自己的身体使滚筒转动，或者由同伴推动；可能会站在滚筒上，用脚蹬的方式推动滚筒前进；可能会将几个滚筒接在一起，站在滚筒上，由一个滚筒推动其他的滚筒前进……在这些看似重复的"玩滚筒"行为中，幼儿解决的是"它还有什么用处""我还能拿它来干什么"的问题，这反映了幼儿的想象力、创造力，他在重组、改造原有经验的基础上发现了游戏的新玩法，进一步加深了对滚筒这一游戏材料的使用和理解，在游戏中获得经验的提升和发展。

　　北京师范大学刘焱教授在《幼儿园游戏教学论》一书中对幼儿重复性游戏的现象进行了解释："当孩子们经过多样性探究所获得的对材料玩法的新奇感再次消失时，他们会再次进行特殊性研究，寻找新的玩法，如此循环往复，逐渐扩大了孩子和游戏环境、材料之间的互动性，不断丰富着孩子们的游戏经验与能力。这就可以解释幼儿为什么可以重复玩同样的游戏材料而不厌烦的现象。"[1]

　　当教师们理解了幼儿的重复性游戏行为后，自然能够丢掉之前的"我以为"，避免给幼儿贴标签、下定论，作出所谓的发展水平判定。在幼儿对游戏材料已经了解、熟悉之后，我们依然能够观察他在这个前提下是如何进行游戏的，观察他做了哪些新的改变和探究，在持续的观察中发现幼儿能力和经验的不断丰富。

二、幼儿的游戏水平是自己玩出来的，玩的机会越多水平越高

华东师范大学华爱华教授说："儿童的游戏水平不是教师教出来的，而是儿童自己玩出来的。同样的游戏，玩的机会越多，游戏的水平越高。"[2]

当教师不过度干预儿童游戏时，儿童是感到最安全和放松的，他们不用去揣测教师的意图，不用担心自己的行为会不会受到教师的赏识；只有在儿童大胆表现，做自己喜欢的、感兴趣的事时，他们才是最积极主动的，也是基于自己的经验水平和发展需要的，精彩和创意就会不断呈现。[3]

——华爱华

让孩子大胆地按照自己的想法，玩什么、怎么玩、与谁玩、在哪里玩，甚至玩与不玩都由自己做主，才能最大程度地让幼儿积极主动地探索自己想探索的事。在充满自然野趣的环境中和大量的游戏机会中，他们不断扩大自己对游戏环境、材料的探究，从而丰富游戏经验与能力。

三、幼儿的游戏情节和设定，远比教师们想象的丰富

过去，教师常常在幼儿的游戏中给他们"设限"，使得幼儿只能在有限的空间里探索，去发现教师想让他们发现的内容，获得教师想让他们获得的知识。当教师"闭住嘴，管住手"后，会发现什么呢？

他们会发现，孩子们的游戏能力远远超出教师的想象，他们在游戏中所创造的游戏情节和游戏设定远比教师们想象的丰富得多。

在涂鸦区，小乐正拿着粉笔涂涂画画，嘴里念念有词。原来他把自己当作了"冒险者"，正在展开和"怪兽"的较量。

"我先用我的超大狼牙棒砍他一下！"小乐一边喊着，一边发着"乓——"的声音，并在怪兽身上添画了一条线条。

"怪兽有点生气，他释放了一个黑暗光球，呜……嘣！"他用粉笔在怪兽身前画着圈，然后画了一条直线，引到"自己"身上，"啊！我掉了点血……"

随着小乐的不断解说，涂鸦墙上的白色线条也越来越多，画面越来越丰富。小乐并非随手涂鸦，而是将他幻想中的冒险表现了出来，不仅设定了冒险地图与目的地，还创造了有着不同技能和设定的"怪兽"，他在涂鸦中所展现出来的创编能力和想象力远比我们在一般的语言活动中所看到的丰富。

——浦江县机关幼儿园 陈博洋

四、因为相信，所以看见，发现的前提是正确的儿童观

怎么才能发现"重复"背后的精彩呢？教师们如果心中带着预设在游戏中守株待兔，一定很难恰好等到期待的"哇"时刻。只有教师清空预设，树立相信儿童的信念，相信儿童游戏中的行为都有价值和意义，相信儿童在游戏中主动学习，相信儿童能够在游戏中获得丰富的能力和经验，才能有耐心、有好奇心地关注幼儿的每一个行为、每一次尝试、每一种创造。

观察不是一次、两次的事情，对儿童的观察一定是一个持续的过程。只有通过持续的观察，"睁大眼，竖起耳，沉下心"，带着研究的意识去全方位地观察儿童的游戏，教师才会更加了解儿童，了解儿童行为背后的逻辑，才可能更加准确地在幼儿游戏的细微变化中发现精彩的瞬间。此外，教师需要在长期的观察实践中不断提高自己的专业素养，锻炼观察的基本技能，做到客观、翔实地观察记录。

不妨从以下几个角度问问自己，真的仔细观察了吗？

①幼儿的游戏行为中有哪些细微的不同？如情绪、语言、动作、表情、眼神等。

②幼儿做出这些举动前后分别发生了什么呢？

③游戏中，幼儿的状态如何变化？

④幼儿在这个游戏中积累了哪些已有经验？又扩展了哪些新经验？

面对潜能巨大又渴望学习的幼儿，教师应退后再退后，在实践中逐步积累对幼儿游戏的了解和理解。只有不断放下、不断发现，教师的"自以为是"和"断章取义"才能不断得到修正，教师也才能轻轻松松地发现幼儿游戏中的精彩。

参考文献：

[1] 刘焱. 幼儿园游戏教学论 [M]. 北京：中国社会出版社，2000：214.

[2][3] 韩康倩. 华爱华教授访谈录之四："安吉游戏"中的教与学 [J]. 幼儿教育，2021 (19)：5.

涂鸦区可以不涂鸦吗？——有何不可！

文／砚山县幼儿园 罗丽

十月份，我们班的孩子玩的是涂鸦区。我们的涂鸦区旁边连接着草地，草地上有一些户外器材、一片鹅卵石场地，还有一些向家长收集来的空矿泉水瓶和饮料瓶作为一部分游戏材料供幼儿使用。

游戏过程：

　　这个月，我连续五天跟随班上的小彦，观察他在涂鸦区的游戏情况。虽然孩子们在涂鸦区游戏，但这五天小彦都没有用颜料和排笔在黑板、透明玻璃、石头或任何一个地方进行涂鸦。

第一天

　　第一天游戏时，他爱上了用地面上的石头相互敲击游戏，其间不停地摆放、更换石头，并不断更换地点反复敲打石头。最初，他是在几块木板拼接成的地板上敲打的；过了一会儿，他把石头搬到旁边的单块木板上进行敲打；又过了一会儿，他走到了附近的草坪上进行敲打；接着，在草坪旁边的硬石板上进行敲打，乐此不疲。

第二天

第二天游戏时，他拿了一支颜料笔，蘸上颜料放进矿泉水瓶里反复搅拌，其间蘸取了多种不同颜色的颜料进行搅拌。接着，他又将矿泉水瓶装满水，一段接一段地向瓶子里扔粉笔，一共扔了7段，嘴里还说着："水变高了，水变高了呢！"

第三天游戏时，他先是在涂鸦区边上的吊床上玩了一下，再到草地上的户外器械上爬了爬，最后来到了鹅卵石堆，用地上的石头围成了一个圆圈形状，看起来像一个"小池子"。再用空瓶子接满水，往围成的圆圈中间反复倒水，但水很快就被圆圈中间以及外围的土壤吸收了。他也尝试着继续用更多的小石头加固，但水倒下去还是下渗了。

第三天

第四天

第四天游戏时，他延续了昨天的游戏，一直用两个空的矿泉水瓶接水，再倒入昨天已经围好的圆圈中间，中途还将矿泉水瓶里的水直接倒在了石头上，并进行了观察。

第五天游戏时，他发现绿色草地上的大滚筒很好玩，就一直和小希一起玩，一个钻进滚筒里，另一个帮忙推。小希离开之后，小彦一个人继续玩，他钻进滚筒里平躺着，以身体的转动带动滚筒前进。

第五天

通过这五天的游戏观察，我发现游戏区域虽然是固定的，但孩子不一定按照老师或学校的安排来进行游戏。例如，同样是在涂鸦区游戏，小彦就没有进行涂鸦、涂色等我们通常以为的在这个区域的玩法，而是结合了旁边场地的多样材料，选择了自己感兴趣的、想玩的游戏。对于这一现象，我并没有阻止和干涉，也不会非要他们拿学校提供的材料在特定场地来进行特定的游戏。

我的发现：

在回看记录小彦的游戏的视频时，我也有了新的发现。

第一天，他敲击石头时非常专注。有可能是他喜欢听石头碰撞的声音，也有可能这样上下来回的敲打让他觉得很好玩。看似简单的反复的动作，其实发展了孩子的专注力、思维能力、动手能力，倾听石头碰撞的声音也让他感受了一把"原生态音响"。

第二天，他通过蘸绿色颜料放水里搅拌，发现清水会变成绿色的水，多加一点颜料，水的颜色还会变得更深一点，最后通过放小粉笔还发现了瓶子里的水会涨高的物理小知识。这是孩子直观获得的操作经验，这难道不是游戏中自然发生的"幼小衔接"吗？等到以后上小学或中学时，老师一点拨，知识就迁移过去了。

第三天，我猜想小彦是想用石头围成一个小水池来储水，所以他不断地接水往里倒，但水很快就被土给吸干了，他又反复接水、倒水，但还是储不了水。后来，他尝试加小石头巩固围栏，但还是没成功。尽管没有得到成功的结果，但在我看来，他整个好奇、探索的过程是最珍贵的。我想，对于孩子来说，也许"不成功"比"成功"更让他印象深刻。

第四天，他继续接水倒入"小池子"以获得自己内心想要出现的结果，即水在池子里，不发生下渗，但还是失败了，最后他有一点小烦躁。但孩子的这一举动，说明他还是在坚持探索前一天的游戏，虽然不成功，但我看到了孩子在游戏中的持续探索。

第五天，在他玩滚筒的时候，我又看到了小彦身上的坚持和忍耐。一开始小希在滚筒里，一直不想出来，而小彦想进去，就一直在滚筒边推滚筒，一有机会就钻进去。中途，小希把滚筒立了起来，由于滚筒本身比较重，差点就压到了趴在滚筒里的小彦，但小彦并没有生气。到最后小彦一个人玩时，他用自己的身体转动来带动滚筒移动，这是他自己在玩滚筒的过程中所获得的经验，老师并没有教他。

所以，幼儿的游戏实际上点点滴滴都是学习，我们一定要珍视幼儿游戏的价值。不妨放手让幼儿自己在游戏中获得经验，这真的比教师用语言灌输要有用得多。

对游戏故事的发现：

在游戏故事环节，我发现小彦画的内容和我观察到的游戏过程几乎完全不匹配，只有在第三天的分享中，他提到用红色水浇了石头。其实，我在观察的时候并没有注意到那是红色的水，然而孩子在画游戏故事的时候特意在他画的水瓶上涂了红色，可见他对此是印象深刻的。

第一天倾听结束之后，我非常好奇为什么孩子画的不是当天的游戏内容，于是我单独和小彦沟通了一下："宝贝，你画的内容怎么不是早上玩的那个敲石头的游戏啊？"孩子说："早上玩的，我已经记不得了，这是我昨晚在家里玩的怪兽的游戏。"我笑着对宝贝说："好吧！"

可能孩子在这一阶段，虽然有一定的思维能力，但也有很大一部分幼儿的思维逻辑还是很弱的。不过，我认为这并不影响幼儿的游戏，因为幼儿的各个方面都是在持续不断发展的。

同时，我也反思到，我们班的涂鸦区，老师提供的其他材料太少了，只有水瓶。孩子们涂鸦的兴趣持久度并不高，原因就是材料太单一、稀少。于是我们就发动家长提供更多元丰富的材料来支持幼儿的游戏。

"涂鸦区"只是提供了场地和材料供孩子玩水与玩色，孩子在这里游戏时就一定要玩涂鸦相关的游戏吗？其实，不管孩子怎么玩，在哪个区域玩，就算他玩的游戏跟区域内所提供的材料无关，我们也要大力地支持孩子的游戏，因为真游戏就是要让孩子想玩什么就玩什么，想怎么玩就怎么玩。同时我们也要观察孩子在其中获得的成长和经验，以此更加深入地了解幼儿。

原来情绪化的背后是求关注

文 / 长阳土家族自治县都镇湾镇中心幼儿园 董素萍

不知不觉，我接触真游戏已经有一年的时间了。从上学期园所实践的第一阶段"放手游戏"进展到本学期实践的第二阶段"看懂游戏，理解儿童，改变儿童观"，我觉得自己的思维有了翻天覆地的变化。

首先，我学会了放手，使孩子们在游戏中有了更多的自主性和创造性；其次，我对幼儿的观察和记录有了很大的进步，现在能够翔实、细致地记录幼儿的游戏情境。

通过慕课学习和真游戏研修活动，我尝试着对照《3—6岁儿童学习与发展指南》中幼儿在五大领域的学习与发展目标，针对幼儿的户外自主游戏行为去做详细的观察与记录。我惊喜地发现：孩子们的一言一行中都蕴含着他们的宝贵品质。只有不断地观察孩子在游戏中的动作、神情、语态等，不断地细致记录，我们才能读懂幼儿的游戏行为。

原来"欢喜冤家"也可以和平共处

5月份我们班在滚筒区活动时，有一幕让我印象深刻：一个雨后的早晨，孩子们挑选了自己喜欢的材料纷纷开始游戏，而小泽和小睿——这一对平时总爱打架的欢喜冤家，居然也难得地在一起安静地游戏！

两人先选了一个较短的滚筒，推到离我很近的斜坡上，然后分别蜷缩着躺到滚筒里，再用脚的力量带动滚筒左右滚动着下坡。随后，两人钻了出来，又将滚筒推到坡上。小睿先钻进滚筒中躺着。小泽双手扶着滚筒的边缘往下一推，滚筒快速地往下滚动。小泽立即追到滚筒右侧，低头看了看滚筒里的小睿。当滚筒滚到坡的一半时，小睿从里面伸出手和脚，滚筒就这样停在了半坡。接下来轮到小泽钻进滚筒。小睿等他准备好后，双手往下一推，滚筒快速地向坡下滚去。小睿也快跑着追到滚筒前面并努力用身体用力抵住滚筒，减缓它滚动的速度。

通过观察他们的游戏，我发现了小泽和小睿身上的闪光点。他俩在生活中是一对"欢喜冤家"，经常为了小事大打出手，但在游戏中他们却能友好地相处，两人一起合作，用自己的力量保障对方滚动时的安全，一起享受躺在滚筒里从坡上滚到坡下的快乐。小泽能及时查看并确认滚筒里的小睿的状态，以便调整游戏玩法。小睿则在滚筒快速滚动时飞快地跑到滚筒前用他的身体挡住滚筒，减缓速度。

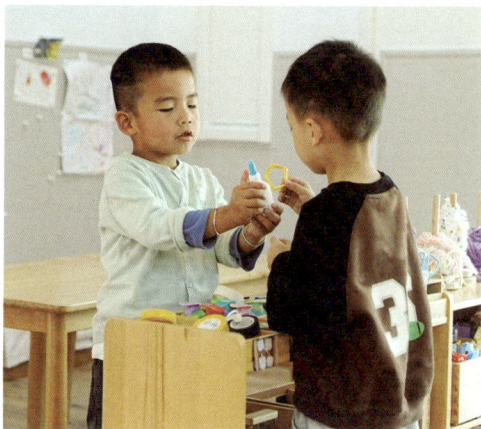

原来情绪化的背后是求关注

有一次，我看到小睿正在美工区用心爱的超轻黏土粘一个机器人。快完成时，小泽快跑过来捣弄小睿手里的作品，然后跑开了。小睿开始在座位上大声哭喊着："老师！他把我的机器人弄坏了！"我先赶忙去安慰小睿，又将小泽叫到身边，问他为什么这样做。小泽用手摸了摸头，不停地眨眼睛，也不说话。小睿抱怨说："我玩得好好的，他就过来捣乱。"我告诉小泽暂时不能玩喜欢的玩具。话一出口，他瞬间不开心了，把美工区的收纳篮推翻在地，彩笔、记号笔、胶棒等掉了一地。

我当时特别生气，心里想着："现在不管我讲什么，他肯定都听不进去。"我让他必须将自己扔在地上的东西全部收拾好了才能回座位。他很不情愿地一屁股坐在地上，捡起地上的彩笔往篮子里扔，也没有归类。这时，小睿走到他的旁边，跟他说："这

么多，我帮你一起捡。"当时我觉得又好气又好笑，也惊叹平时调皮的小睿也改变了很多。他虽然不喜欢刚刚小泽的做法，但是也会一起帮忙分担。后来，好几个女孩子也来帮忙了，美工区的材料在几个人的努力中收拾好了。

不知不觉，午睡的时间快到了，我让孩子们都安静地躺到床上后，把小泽叫到了办公桌旁，第二次问他为什么要破坏小睿的作品以及把美工区的材料扔到地上。这时他才不好意思地说："我想找他玩，扔东西是生气老师不让我玩。"

原来，幼儿淘气、搞破坏的背后可能只是求关注，就像小泽喜欢和小睿玩，总去激惹他其实是想引起他的注意，和他交朋友，但方式方法比较简单粗暴。我们要做的不是否定幼儿，而是要与幼儿讨论正确的社会交往方式，陪伴他们逐步尝试和改变。

对"症"下"药"

针对他俩的矛盾,我做了如下的调整:

1. 我拍摄了很多关于他俩在户外的照片和视频,先让他俩分享合作玩游戏的经过,在同班孩子面前表扬他们团结合作的优秀品质,又让孩子们分析视频中不和谐的游戏行为,讨论怎么去做才能让同伴更喜欢你。

2. 捕捉生活中两人温馨的画面,给予两人爱的鼓励,比如发贴纸、发礼物。

3. 与小泽爸爸沟通孩子出现这些行为的原因,一起制定一些鼓励措施,如约定一段时间改掉情绪化或者破坏游戏的行为时,可以满足他一次心愿抽奖。

经过老师、幼儿和家长的共同努力,小泽现在能够基本控制住自己的行为,与小睿发生冲突的时候少了,两人的相处更和谐了。

当小泽午睡赖床不起床时,小睿会轻轻地走过去说:"小泽,快起床了,要吃点心啦!"当小睿因为一些小事闹情绪时,小泽就会过去跟他说:"小睿,你别哭了!我们一起玩。"然后两人你追我赶,小睿的不开心很快就消失了。

孩子们的成长也让我明白,无论是在游戏和一日生活中的观察,还是细致地做观察记录分析,我们都要从幼儿的角度出发。只有这样,我们才能真正读懂幼儿。多提供材料和精神上的支持,让幼儿学会自己独立解决问题,才能更好地陪伴、支持幼儿成长。

拯救鞋子

文 / 临沂第二实验幼儿园京韵园区 相俊俊

　　此次游戏源于毫无准备的情境，由一只突然"飞"上屋顶的鞋子带来了一系列的惊喜。我们几个老师关注到鞋子"飞"到屋顶后，并没有因此制止或是直接帮幼儿拿回鞋子，而是选择了退后、观察。

第一天

今天户外活动时，蒙蒙和小楚来到垫子旁休息，拿起脱掉的鞋子，抛到高处，看着掉落的鞋子哈哈大笑。突然，鞋子意外"飞"到了收纳屋的屋顶上。蒙蒙拿起另一只鞋子向"飞"到屋顶的鞋子扔去，被扔出的鞋子顺着屋檐滑落下来。

文文拉过刘老师并指着屋顶上的鞋子说："老师，鞋子扔到屋顶上了。""哦，鞋子跑到屋顶上了？"老师回应道。"我有办法，用垫子爬上去拿。"杉杉说。紧接着，杉杉拉来了一个三层的垫子，旁边的文文马上爬上垫子用鞋子去扔屋顶上的鞋子。与此同时，夏天也搬来了一架三层梯进行尝试；蒙蒙搬来了五层梯靠在墙上，看了一眼离开了；杉杉又拉来了一个两层垫子放到刚才的三层垫子上，文文爬上垫子再次将鞋子向屋顶扔去。

旁边的小静也参与到游戏中，她刚要爬，垫子有点摇晃，于是小静和杉杉一同将上下两个垫子的边缘对齐。孩子们再次站在垫子上用鞋子扔。杉杉拿来一架四面梯放到靠近墙的位置，再次取来一个三层的垫子放在四面梯上。夏天爬到四面梯上的垫子上，但垫子倾斜了。文文一边将垫子放在四面梯的中间一边说："不能从一边爬上去，得站在中间。"文文爬上垫子，伸手够到了屋顶上的鞋子，一遍遍地说着："拿到了，拿到了，厉害吧。"

叠垫子

尝试四面梯

四面梯叠垫子

第二天

　　第二天，孩子们又玩起了"拯救"鞋子的游戏。蒙蒙的鞋子被成功扔到屋顶，他第一时间爬上旁边的梯子，一凡尝试用鞋子扔，都没有成功。抱着篮球的小楚跑到一凡的身边说："咱们用篮球试试？"小楚双手抱着篮球，将篮球往屋顶上抛去，篮球很快滚下来。几个孩子也参与其中，一次次地用篮球向屋顶上的鞋子投去。小楚则站在旁边的垫子上将篮球向屋顶抛去。

　　几分钟后，一凡搬来了另一个垫子，他将垫子推到离屋子近一些的位置，站在垫子上往屋顶投篮球，球重重地落到屋顶上，屋顶产生了震动，鞋子下滑了一点。接着一凡又取来一个两层垫子，将垫子垒到刚才的垫子上。小楚第一个爬上垒高的垫子上，将篮球向屋顶的鞋子抛去，"砰"的

一声，正中鞋子！鞋子顺着屋顶滑落到边缘位置。站在垫子下面的晨晨双手抱球投向屋顶，打中了鞋子，鞋子滑落下来，孩子们一片欢呼。

第三天

　　第三天，"拯救"鞋子的游戏还在继续。他们尝试站在地上投篮球，多次站在垫子上轮流投，鞋子被击中了两次，慢慢滑落到屋檐的位置。这时，一旁的科科走过来说："我能拿到。"说完，他爬上了墙边放着的梯子，拿下鞋子说："拿到了。"小楚和蒙蒙却异口同声地说："快给我，快给我。"拿过鞋子的小楚紧接着再次将鞋子扔向屋顶。连续往屋顶上扔了三次，都没有成功。第四次，他用右手将鞋子使劲甩了出去，嘴里喊着："走你！"这次，鞋子被扔到了更远更高的蓝色屋顶上。小楚看向蒙蒙，撇了撇嘴，抱着篮球边跑边说："完了，完了。"

　　小楚跑到蓝色屋顶的下方，用手指着屋顶的位置和蒙蒙说："鞋子到这上面了。"说完，他将手里的篮球向上抛去，篮球并没有打到蓝色屋

顶上。小楚回到刚才扔球的位置，站在垫子上踮起脚尖往蓝色屋顶上看，将手里的篮球向蓝色屋顶投去，没有成功。过了一会儿，小楚将垫子拉到距离屋子远一些的位置，再次站在垫子上静静地看向蓝色屋顶。蒙蒙也爬上垫子往上看了看说："我看不见。""对啊，太高了。"小楚悻悻地回应着。

旁边的好朋友涵涵说："我想到一个办法，必须爬上去才能拿下来。"晨晨说："得把房子拆了才行。"四月说："我想变成仙子飞上去。"

几个孩子兴奋地说着。游戏时间到了，孩子们还没有想到把鞋子拿下来的办法。我走近孩子们，来到蒙蒙（鞋子小主人）身边询问着："那怎么办啊？"孩子们面面相觑。我建议道："这里有备用拖鞋，咱们可以先回教室，看看小朋友们有什么办法？"得到蒙蒙的同意后，我们回到了教室。

回到教室后，孩子们展开了激烈的讨论。

蒙蒙："我发射炮弹把鞋打下来。"

小楚："拿水桶用水冲下来。"

可可："把垫子垒得高高的，我可以用篮球打鞋子试试。"

小齐："刘老师长得高，刘老师用长长的球拍把鞋弄下来。"

四月："得找一个长长的带钩子的杆子把它拉下来。"

文文："老师，我记得咱们在小六班过元旦的时候，刘老师站在很高的梯子上挂气球了。"

下午起床后，"拯救"鞋子的行动再次开启。"老师，我要去找长钩子。""老师，我要搭得很高很高。"孩子们自由分成两组：一组负责找工具，一组负责实践。

实践组的孩子们尝试用梯子、垫子增加高度，他们将垫子垒到自己认为足够高的高度，爬到垫子顶端的文文一直坐在垫子上，没有站起来。

工具组的孩子们在园里的各个角落找了起来。"老师，我找到了一根竹竿。""好长啊。"最终孩子们在厨房门口找到了一根比较长的竹竿，在监控室找到了2米多高的梯子。他们把大梯子搬到了收纳屋前，面对这大梯子，孩子们面面相觑。蓝色屋顶距离地面大约有3米的距离，对孩子来说确实有些高，考虑到安全问题，孩子们一致决定让班里最高的刘老师帮忙。小主人蒙蒙终于拿回了自己的鞋子。

第四天

第四天的户外活动中，蒙蒙的鞋子再一次"飞"到了蓝色屋顶上最高的位置。这一次，蒙蒙有点不开心了。"老师，小楚又把我鞋子扔到屋顶上去了。""你想怎么办？"老师回应道。在蒙蒙和小楚的请求下，刘老师帮忙拿回了鞋子。

回到教室，我们再次展开了讨论：

教师："孩子们，今天蒙蒙告诉我他的鞋子又'飞'到蓝色屋顶上了。"

蒙蒙："我不想把我的鞋子扔到屋顶上了。"

乔乔："蒙蒙只能穿拖鞋，不方便。"

四月："天气有点冷了，脚丫也会冷。"

第五天

今天的户外活动中，蒙蒙拿起自己脱掉的鞋子，往滑索把手形成的小长方形里投了起来。只见他右手拿着鞋子，站在两层垫子上向小长方形里扔去，一次，两次，都没有投进去。小楚也拿起自己的鞋子往里面扔去，一下就穿过去了，嘴里说着"1比3"。蒙蒙站在垫子上，右手拿着鞋子往前蹦着，将鞋子往小长方形里扔去，鞋子穿过了长方形。小楚再一次扔鞋子，成功穿过，嘴里继续说着"1比5了"。两人就这样玩着。接下来的几天里，他们的投掷材料发生了变化，他们用篮球投，投掷兴趣也转移到用篮球投轮胎圈，他们还自制了轮胎篮球架……

我的发现

1. 幼儿解决问题的思维和能力令人惊叹

四天的游戏里，孩子们为把鞋子从房顶上拿下来而进行了一次次尝试和探索。

他们尝试用三层梯子、四层梯子、垫子等材料搭高，又把垫子垒在四面梯上，爬到垫子上够到了鞋子；孩子们还想到用篮球把屋顶上的鞋子震下来；当鞋子被扔到更高的地方后，他们一边尝试把之前用过的材料搭得更高，一边寻找新工具。在这个过程中，我看到了孩子们为了解决问题而进行的尝试、调整，在一次次实践中获得经验的发展。

2. 幼儿游戏的不断升级

我们还发现，意外的"拯救鞋子"行动，激发了幼儿对投掷的兴趣。

在第二、第三次"拯救"过程中，幼儿用篮球投掷，将偶发的"拯救"行为变成有趣的投掷，有目的地将篮球扔向鞋子。他们通过调整垫子和屋子之间的距离、增加高度等方法来增加投掷的准确度，在一次次体验投掷和同伴互学中生发新的经验。

幼儿在将垫子垒高、调整距离的过程中感知投掷目标的准确性与投掷力度、距离远近、目标高度之间的关系。当"拯救"结束后，他们又反过来把鞋子当作投掷物：将鞋子扔进滑索把手形成的小长方形里。随后又脱离鞋子，用篮球和轮胎进一步发展他们的投掷游戏。

我的反思

当幼儿故意扔鞋子的行为产生时，作为教师的我内心是矛盾的，从培养幼儿良好行为习惯出发我应该制止或者介入，但同时考虑到幼儿在前，教师在后，我是否要满足当下游戏情境中幼儿的兴趣与需求，将游戏的权利真正还给幼儿？

"拯救鞋子"的游戏，是一个偶然事件，鞋子被无意扔到屋顶后，其他孩子积极参与到"拯救鞋子"的过程中，孩子们之间默契合作、互帮互助，而第二天的继续也是前一天游戏兴趣的延续。我考虑到孩子们在扔鞋子的过程中没有破坏环境，也没有伤害到他人，再加上鞋子的小主人本身也积极参与游戏，没有表达不满，也没有哭闹，自始至终扔鞋子的都是这两个孩子，其他孩子并没有模仿。而在不扔鞋子的时候，两个孩子还是会将鞋子有序地放回原位。当时的我只是抱着再等一等的心态，我也不知道游戏到底会如何发展。我非常庆幸自己的放手、退后和等待让我看到了不一样的幼儿。如果再给我一次机会，我还是会坚持我当时的选择：尊重和相信孩子们，后退、观察和等待。

后续尽管部分孩子对扔鞋子还保持着兴趣，但是鞋子的小主人蒙蒙产生了"不想鞋子被扔"的需求，两者之间产生了分歧。关注到幼儿的不同观点后，我意识到我的作用不是控制他们"扔"的行为，而是通过为他们提供表达的机会，让幼儿提出"不扔"的理由，并主动选择"不扔"。在分享讨论的时候，我关注每个孩子是不是都有机会表达自己的观点。蒙蒙勇敢地表达了自己内心的想法，而其他的小伙伴听了以后能够关注蒙蒙的情绪和需要，意识到原来扔鞋子的行为会让别人不开心，同时他们换位思考，理解蒙蒙"穿拖鞋不方便""脚丫会冷"，最终选择尊重蒙蒙，不再扔他的鞋子。游戏后的表达，让我看到幼儿在情绪管理、人际交往等方面的发展。放手与退后，不仅让我意识到幼儿是积极的、主动的、有能力的学习者，也让我在实践、反思的过程中不断提升自己，不断刷新我对幼儿的认知。我们会继续在追随孩子们的游戏和一日生活中，不断反思自身的教育行为，不断充实自我，与幼儿共成长。

黑板上的"战争"

文／浦江县机关幼儿园 陈博洋

今天是我们第二次开展涂鸦区游戏的日子。游戏开始后，小乐拿了一支白色粉笔来到黑板前。他观察了正在画"火柴人大战"的小瓜三十秒后，嘴里说着"我也来试试看"，便蹲在另一边的空白区域前画了起来。

小乐先画了一个小人，自言自语道："这是我……我该拿什么武器呢？"他摸了摸脑袋，说："有了！就用狼牙棒！"于是他在小人的手的末端延伸出一个"把手"，然后画了一个较大的长方形。他有些激动地笑起来："哈哈哈，我有一个超大的狼牙棒。"这时，一旁的小瓜看到了，探头问道："哇，这么大，你拿得动吗？"小乐说："当然，我是大力士，这个要打怪兽的。"说着，他在"自己"的前方添画了一个更大的长方形，并在长方形的四周加上了锯齿。他一边画一边对着一旁的小瓜介绍："这是一只河流怪兽，我很渴，来到河边，这个怪兽就出来了，他有很多尖刺……这是两只黑暗之眼和黑暗之嘴。"绘画完毕，他开始了"战斗"。

"我先用我的超大狼牙棒砍他一下！"小乐一边喊着，一边发着"乒——"的声音，并在怪兽身上加了一条线条。"咦，血条呢？血条忘画了。"他拍了一下自己的脑袋，在怪兽下方画了一个长长的长方形，"这个怪兽血这么多！乒……他刚刚被我打掉了点血"，然后将长方形的一小部分涂满。

"怪兽有点生气，他释放了一个黑暗光球，呜……嘣！"小乐用粉笔在怪兽身前画着圈，然后将一条直线移动到"自己"身上，"啊！我掉了点血……"战斗继续，小乐又在自己的身后添画了一个形状，回头介绍道："这是一个法杖，我要用法杖放一个火球……嘣！"

战斗持续了三个回合后，旁边小瓜的"剧情"引起了小乐的注意，他问道："你这是什么？"小瓜指着自己的画回答："我在打坏蛋，但是我马上就要失败了，因为我中毒了。"小乐也指着自己的血条说："我也马上就要失败了，我就这么点血，怪兽还有这么多血！"

围观的我不禁问了一句："那怎么办？"小乐想了想说："那我放一个光明火球，啪！打掉了怪兽的一只眼睛……"他将怪兽的左眼涂白了，"然后他血掉了很多……"怪兽又释放了一次"闪电攻击"，小乐的角色已经只剩一丝血。他大喊道："我只剩一点点血了啊！"我问道："那怎么办？打不过了咯？"小乐挠挠头："我再用狼牙棒打他一下！打了另外一只眼睛，他就看不见了！""我攻击他的眼睛了，所以他唰……扣了这么多血……"只见小乐将怪兽剩余的血量划去了一大截，也只剩下一点了。

"看我释放火球炸弹！"他用粉笔朝怪兽身上画着线条，然后喊着"乒、乒、乒"，并在怪兽身上接连打了几个叉。"没了！"小乐将怪兽的最后一丝血量划去，宣告着自己的胜利。

战斗结束后，他的故事却并未结束。只见小乐在"战斗区域"旁画了一个正方形，并在里面加入了一些线条和点，他手指着其中一块区域说："我接下来要去这个树林里。"然后起身，询问我："老师，你有没有纸巾？"我建议道："要不你问一下小瓜他们？"他便起身来到小瓜身旁问道："你这个能不能借我一下？""这个抹布？""嗯。""你要擦什么？"小乐便带着小瓜，两人开始了"战场清理"……

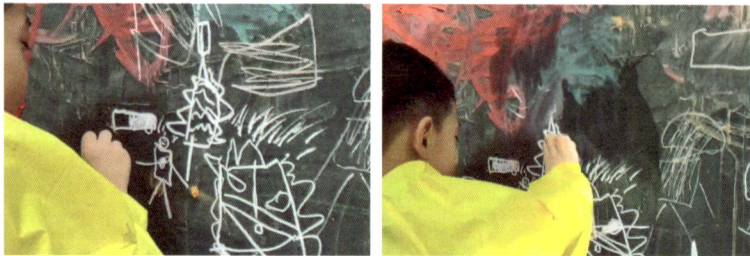

在游戏中的发现

通过观察小乐、小瓜二人的游戏，我发现：他们的游戏是自发、自主进行的，游戏主题、游戏形式以及游戏如何继续推进，都是由他们自己决定的，相应的游戏行为如擦黑板、挪位置等也都是随着游戏需要自发产生的。

此外，幼儿的游戏也充满了想象，有着丰富的设定和情节。在小乐、小瓜的绘画游戏中，小乐将自己设定为了"冒险者"，并且将自己置身于一场场与怪兽的战斗之中。这一"冒险旅途"中，几乎所有的元素都是依靠小乐的想象进行的，他需要想象自己的冒险世界是怎样的，需要想象出自己遇到的怪兽长什么样子，自己又会有哪些武器。

从案例中也可以看出，小乐所想象出的战斗情节异常丰富，扣人心弦。他能够将自己脱离出固定的角色，反复切换，同时站在"自己"和"怪兽"两种角度思考角色的动作——"自己"会如何攻击怪兽？"怪兽"被攻击了又会做何反应，使出何种招式？此外，小乐还需要担任第三种角色，即故事的"导演"，他需要决定故事的发展，打败怪兽后遇到什么事？前往何处？在那里又会发生什么？

同时，小乐还会依靠线条、拟声词、动作等多种方式帮助自己思考，将想象中的画面尽可能地表达出来，如"用狼牙棒攻击怪兽"，他会在狼牙棒上起笔，快速用一笔划过怪兽的身体，同时嘴里发出"乒"的攻击声和怪兽"哇啊啊"的吼叫声，惟妙惟肖地将这一攻击过程表现出来。在这样的游戏过程中，小乐的想象力、表达能力和绘画能力都能够得到充分的锻炼和发展。

游戏结束后，小乐画下了他的游戏故事。

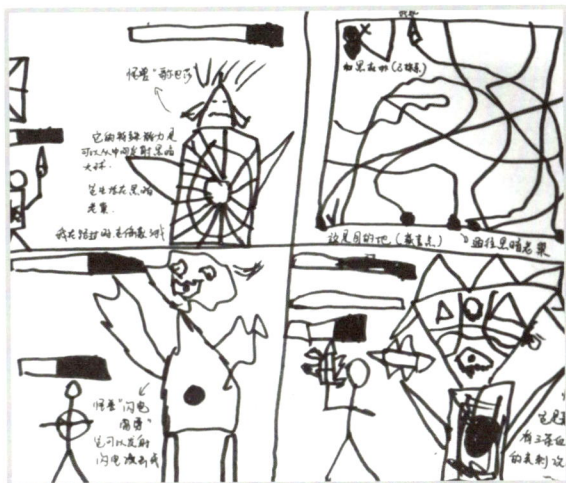

上图为小乐所画的游戏设定

左上：怪兽"哥儿巴莎"，它的特殊能力是从身体中间发射黑暗火球，它生活在"黑暗老巢"。我在路过时，它偷袭了我。

右上（冒险地图）：从左上顺时针至左下分别是：黑森林（已探索）、我家、通往河边、通往山脉、通往黑暗老巢、通往目的地（藏宝地，埋藏有光明宝剑）。

左下：怪兽"闪电"，它的特殊能力是可发射闪电。

右下：怪兽"尖刺"，最强的怪兽，有三条血，会用全身的尖刺来攻击。这个时候我已经从藏宝地拿到光明宝剑，所以才敢和他打。

上图为小乐今天的游戏过程

对游戏故事的发现

我发现，在这次游戏中，小乐心中所想的剧情远比我想象中的丰富。实际上，他对故事完整的基调有着充分的认识，即冒险，即探索他幻想出的架空世界，例如与敌人战斗，发现宝藏等。他对冒险的地点、人物、情节也有着自己的思考。他详细绘制了冒险地图与目的地，同时，他画的怪兽也并非随手涂鸦，他对怪兽的生活场地，每一个部位、每一个技能都有着完整的设定，甚至怪兽本身还有着名字——"哥儿巴莎""闪电""尖刺"。这些怪兽的设定大多是他平时观看的动画片中的形象所结合而成的。

事后，我也反思自己在观察时忍不住说的话是不是也打乱了小乐的游戏思路，影响了他的游戏进程。有时候随口提出的一个问题，如"那么怎么办呢？"，或者对幼儿的游戏剧情的预设，如"打不过了吗？"等，都有可能对幼儿的思路造成影响。

因此，作为教师的我们应该做到充分的放手，不随意干涉幼儿游戏故事的推进。

游戏观察让我们看到孩子们在游戏中玩了什么、是怎么玩的，是我们了解孩子游戏的第一步；而游戏故事不仅给了孩子更多回忆游戏、梳理经验、表达自己的机会，同时也让我们在倾听与记录中对他们的游戏有了更全面的了解。我们发现：原来在墙面上看到的线条、颜色等只是幼儿涂鸦游戏的一小部分，在观察幼儿创作和修改的过程中才能看到故事的情节变化。他们在涂鸦游戏过程中体现的故事创编能力和想象力远比我们在语言活动中感受到的更丰富。

一个完美的积木作品，真的这么重要吗？

文 / 通辽市科尔沁区实验幼儿园 陈杨

　　接触并实践真游戏大概有三年的时间，通过不断的观察与摸索，我对真游戏的理解也在不断地改变。

最初的我：
孩子怎么才能玩得更"好"

最开始进行真游戏时，我关注的是我们班的孩子能不能像真游戏视频里那样玩，比如站在滚筒上自由行走、轻松地从人字梯上跳下来。那个时候虽然使用的是和视频里一样的材料，但实际上孩子的游戏方式还是由老师决定的，有时候为了保障孩子的安全，我们还会一个一个扶着他走过独木桥。

后来参加了真游戏的讲座和培训，我进一步了解了放手游戏的理念，也通过一次又一次的实践进一步地体会、实践了真游戏。我开始尝试着"放手"，把游戏的权利交给孩子，让他们想怎么玩就怎么玩，我也能管住嘴不去打扰他们，但是我总是忍不住关注各种材料是否被充分使用，我总是期待他们能玩出新玩法。当孩子把轮胎从箱子的斜板上推下来时，我就会想能不能架得更高一点，那样更刺激，效果一定更好。

转变中：
他好像不在乎搭得是否完美

最近的几次观察和体验，让我对真游戏又有了新的理解。

记得我们最开始在积木区游戏的时候，孩子们兴致勃勃，吵着"我要搭城堡""我要搭摩天轮"。可是连续观察了几天以后，我觉得他们没有搭出什么东西来，于是我就开始想办法。我带着孩子学习建构的一些基本技巧，比如平铺、垒高等，还让孩子们看了很多建筑物的图片以及一些积木搭建的楼房、大桥的图片，我还组织孩子们去观摩大班孩子搭建的作品，一边看一边讲解一边引导，希望他们能学一学大班哥哥姐姐的搭法，但是感觉效果还是不明显。

有一天，班上的小迪提出想搭彩虹桥，我听后很兴奋，就回答他："太好了，那你去试一试吧。"他虽然有这个想法，但却迟迟没有动手，一直说我

不会啊，然后在各个小组中间穿梭，也短暂地加入过其他小组，但是他心里还是惦记着搭彩虹桥，所以一直在找同伴和他一起搭。

找到同伴以后，他们终于开始搭彩虹桥了。一开始，他们只是一点一点地建桥墩、搭桥板，在这个过程中，他反复试验了圆柱体桥墩和桥板的位置，从开始的随意拿来几块圆柱体、架上木板，到后来发现只需要三块圆柱体就可以架起两块木板，这样是最节省材料的。

回到教室以后，我把游戏中拍摄的照片投放到电视屏幕上，首先请小迪来说一说搭建的过程、遇到的困难、解决的方法等，接下来我给孩子们找出了真实的彩虹桥的图片，并讲解了桥体的结构，重点欣赏了彩虹桥的外观，还让孩子们说一说，小迪搭的彩虹桥和这些图片中的彩虹桥有什么不同。孩子们提出："没有最漂亮的红色的装饰。"孩子们告诉我："彩虹桥可宽了，可以开很多汽车，应该把车道搭宽一点。"

总结了经验之后，到了第二天的搭建时间，小迪又搭起了彩虹桥，这一次他投入游戏很快，拿来几块长板和圆柱体，很快便搭出了桥体，又拿来拱形积木依次放在桥面上，形态更加逼真了。几个小伙伴把积木当作小汽车，想在桥面上跑一跑，却发现由于桥面只用了一块又细又长的板子，而上面已经摆了拱形的彩虹桥，小车没有地方跑。小迪说"没事，这样也能开车。"说着便拿起"小汽车"在拱形积木上上上下下、弯弯曲曲地跑起来。跑了几圈之后，小迪把拱形积木都拿了下去，这样桥面一马平川，行驶更加通畅，他和小伙伴高兴地来回跑着。

这时有其他小朋友在两头用长板搭出斜坡，让小车能上坡、下坡，孩子们热衷于让小车在坡道上自由滚下去，然后笑着追上小车。后来，小迪注意到另一个小伙伴二宝将刚才拆下去的拱形积木正反相对，连接在一起，形成了一条蛇形的路线。他马上过去问"这是旋转彩虹桥吗？"二宝却说这是"火车道"。小迪帮忙将"火车道"搭得更长一些并且不断重复"这是新火车道"，然后拿着自己的积木小车在蛇形道上跑起来，弯弯曲曲，拐来拐去。

其实，这次他们搭建出的彩虹桥依然很简单，并没有多么逼真壮观，而他们搭了一会儿后又开始了开小车的游戏。我得承认，第一次搭建之后我回到教室总结，让他们看照片、找问题，其实我是希望他们第二次再搭的时候能搭得更逼真一些，比如搭出行车道、路灯等更丰富的细节，但是孩子们好像并不在乎要搭出多么逼真、漂亮的彩虹桥。

我开始反思，我们投放积木的目的是什么？是要让孩子们搭建出完美的作品吗？我们是要培养建筑师吗？是要孩子们在搭建的过程中学会按规律排序吗？是要孩子们在这样容易产生互动的搭建中提高社会交往能力吗？我想这些可以是一场游戏的额外收获，而不应该是游戏目标。孩子们在游戏中的冒险、喜悦和深度的投入，不就是在自主、自发的探索中真真实实地积累着经验吗？而所谓的搭得好不好，只反映了我们老师太想要一个壮观、丰富的作品，反而容易忽略孩子们真正在玩什么。积木区就一定要搭建出一个漂亮的作品吗？甚至一定要玩"搭建"吗？当孩子们把积木拿在手里当作小车跑来跑去的时候，也一样是享受、喜悦的。所以，只有我们放弃自己心中对于"玩得好"的标准，我们才能看到孩子们更多不一样的游戏体验。

转变后：
原来游戏中自有学习和发展

当我的想法有了转变之后，我就更容易发现和体会孩子在游戏中是投入的，是不断成长的。以往由于我们总是对孩子的游戏有着期待，总是希望他们玩得更"好"，所以我们关注的往往是那些乐于交往、实践能力强的孩子，却忽略了那些不起眼的小身影，比如在游戏中始终拿着一块长木板走来走去、抬起来又放下的潇潇。

我想，当老师去观察孩子的游戏时，一个这样看起来没什么游戏内容的孩子，是基本不会出现在老师的视线里的，因为他的行为实在是太单一、太无聊了。但通过真游戏，我明白了每个孩子都有自

己的游戏世界，当他们沉浸在自己的游戏里时，孩子的学习和发展就会自然发生的。而教师要做的，就是仔细地观察，进一步思考和分析孩子的游戏，去发现游戏背后的学习和发展。

潇潇这一天的游戏过程几乎是静止的，也没有与他人交流的过程，但是他一直在观察周围同伴的活动。一次，他在自己玩的过程中偶然把木板立住了，他很惊喜，觉得很有趣，绕着这块立起来的木板转了好几圈。然后，他轻轻地挪动木板，再尝试立住。这个过程中木板多次倒下，潇潇便把木板横过来放在地上，两边垫上两块小积木，把长木板抬起来再放下，反反复复。虽然只是一抬一放，但是从他的表情就能看出他很满足、很开心，在这样投入的游戏状态中，他对木板的认识也在不断地发展。

第二天、第三天的游戏中，潇潇想加入到其他小组里，但他没有直接加入，而是不断地观察，看看哪个小组需要自己手里的长木板，试图为他们提供材料，用自己的方式融入进去。这样的游戏过程实在算不上"精彩"，但是对于潇潇来说，这不就是他主动想办法融入其他小组的过程吗？这就是属于他的游戏。

我想这也是真游戏想要表达的，把最简单、最纯粹的真游戏还给孩子，不受玩法的制约，不需要老师的"期待"，没有"玩得好不好"的标准。"真游戏就是真学习"，他们在真游戏中建构起大量的朴素的知识概念，在做与想中不断反思，不断梳理和提升经验。

孩子的重复背后到底是什么？

文 / 远安县嫘祖镇望家幼儿园 胡俊

　　自从开展真游戏以来，我们学着"闭住嘴、管住手"，做到"最大程度地放手、最小程度地介入"，从而让孩子们自己决定玩什么、在哪儿玩、和谁玩、怎样玩。我们看到了儿童在游戏中的精彩表现，看到了一个个真实的儿童，也看到释放天性之后的儿童发生着一系列的变化。

　　我们经常会看到这样的场景：积木区的三名孩子连续一周都用同一种类型的积木，反复垒高，直到倒塌后又重新开始，五天的游戏内容几乎"一模一样"；综合区那几个小男孩，每天都用长木板和箱子组合起来，反复地走来走去，然后从箱子上一跃而下，再爬上去重复刚才那一系列的动作；沙水区的哲哲小朋友，连续一个月都用模型做"蛋糕"，只见他往那几个模型里装满沙子，用小水壶浇点水，用小手轻轻地拍打严实，然后小心翼翼地取出模型。成功之后他都会开心地拍手，失败之后则会重新来过……

　　我们都纠结过要不要介入孩子的重复性游戏行为。但这些重复真的是毫无意义的吗？我们应该怎样去看待幼儿在游戏中的重复？我们又该如何去读懂幼儿的重复性游戏行为呢？记得蒙特梭利曾经说过："反复操作是孩子的智力体操。"喜欢重复做一件事情是年幼儿童共同的心理特点，对孩子的发展至关重要。这也解释了为什么我们的孩子总是在重复地进行一些游戏，在游戏的过程中出现很多重复的操作与表现。

　　通过真游戏的不断实践与自我反思，我对孩子重复游戏的认识也在不断刷新。

这个月，大班的小朋友在沙水区游戏，瑞瑞和浩浩这对好朋友又在一起玩。他们用小铲子在沙池靠近水龙头的地方，挖了一个大圆环的形状，再将圆环外围的沙全部挖出来，而中间的沙堆就变成了一个"孤岛"。他们又取来水管往环绕"孤岛"的沟里注满了水。

可是我明明记得他们从周一到周三都是这样玩的啊！他们连续三天都在做这样的"孤岛"，基本上是在同一个地方、用同样的操作流程去完成的。因为前两天我在持续观察另外一组游戏，对于他们创作的"孤岛"，我只是看了几眼，没有靠近，没有完整记录，更没有仔细倾听。所以今天我决定去靠近他们，看看他们究竟在玩什么。

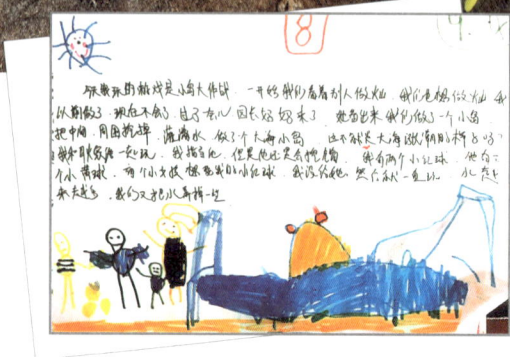

见我蹲在水池边看他们游戏，浩浩得意地问我："老师，你知道我们今天做的是什么岛吗？"我摸不着头脑，就逗浩浩说："难道是台湾岛吗？"浩浩笑着说："你猜错了，我们今天做的是奥特之岛。""这么好听的名字，跟前两天的不一样吗？"我好奇地问。这时候瑞瑞接着说："肯定不一样啊！我们前两天做了大海小岛，还做了宝藏岛，今天的才是奥特之岛。"我若有所思，因为担心在游戏的时间问得太多会影响孩子们游戏，所以我就稍微往后退了一下，继续看他们游戏。

等到游戏结束回活动室后，我翻看了瑞瑞前两天的游戏故事，这才明白，原来成人眼里的重复，在孩子们的笔下以及描述中都是不一样的，昨天的小岛叫作"大海小岛"，他们觉得环形岛是大海涨潮时的样子；而今天的岛是奥特曼的家，所以叫它"奥特之岛"。孩子游戏中的重复，只是成人眼中看到的表象，只有蹲下来观察，用心去记录，耐心去倾听，才能走进孩子的世界，才能真正读懂孩子。

我的反思

①重复绝非无意义

我们在园本教研中提出了这样的问题：如何理解并支持幼儿在游戏中的重复行为？有老师就引用了华爱华教授的一句话："儿童的游戏水平不是教师教出来的，而是儿童自己玩出来的。同样的游戏玩的机会越多，游戏的水平越高。"

所以在这次教研中，我们达成了一个共识：幼儿的重复游戏，首先证明在这个游戏的过程中有幼儿特别关注的兴趣点，他们在重复中反复操作，巩固经验；其次，这个重复是幼儿遵从自己的意愿去实施的，所以在游戏中幼儿会很放松，会更加专注地去探索自己想探索的问题；最后，这个重复绝对不是机械的动作重复，在重复的过程中，很多小的细节不断变化，幼儿就会用他已有的经验去解决新问题，从而促进游戏往更深、更广的方向发展，同时促进幼儿在各个方面不断思考、不断收获。

当我们真正地尊重每一位幼儿，就应该去尊重幼儿的游戏行为，从内心去认可孩子的这种重复，发现他们在不断的重复中获得的经验和发展。

②如何读懂重复

明白了重复游戏的意义后，我们要解决的问题就是如何去读懂幼儿的重复行为。

如果没有蹲下去观察和倾听，如果没有耐心地去看幼儿的游戏故事，如果我们未曾改变儿童观、游戏观，那么这样的重复在我们眼里真的是没有达到我们预期的精彩，是毫无意义的，甚至是在浪费时间。然而这些都是曾经的以教师为中心的"我以为"。

教师要清空自己的预设，树立相信儿童的信念，相信儿童在游戏中所有的行为与动作都是有价值与意义的，其中当然也包括那些重复行为。教师从思想理念上更新以后，我们自然会耐心、好奇地去关注到幼儿在游戏中的行为、尝试、探索与创造，就能理解重复行为其实是幼儿自发的摸索与实践。

　　蹲下来，做一个进行持续性观察的合格的观察者，与幼儿同一高度，我们才能从幼儿之间的对话、每一个表情的细微变化、动作的精细发展、同伴之间的配合等各个方面，去解读幼儿在游戏中的重复行为。站在幼儿的高度去观察，从他们的行为、动作、语言中去发现这些重复背后的变化和发展，才是我们解读游戏、读懂幼儿的直接依据。

　　一对一倾听也是我们读懂重复的必要环节。把

我们蹲下来看到的、听到的与幼儿自己表征的游戏故事结合起来，再由重复行为实施的主角去一一解读，就会让我们教师有一种恍然大悟的感受："哦，原来是这样！"

　　幼儿是主动的学习者，是天生的游戏专家，我们成人必须正视真游戏的宝贵价值，始终秉承着"幼儿在前、教师在后"的原则，摒弃传统的儿童观与游戏观，尊重并支持幼儿在游戏中的所有行为表现。

　　孩子们之所以乐此不疲地重复，就是因为他们在熟悉材料的基础上依旧能发挥他们的积极性，进行更深入的探究，创造更多的游戏，但我们往往在还没看懂这些细微的改变和探究时就草率地认为他们只是在"重复"。当我们真正理解幼儿的重复性游戏行为，真正做到站在幼儿的角度去观察和倾听的时候，我们就不会再做出所谓的"发展水平判定"，而是相信幼儿在游戏中的行为都有其背后的原因，从而去观察他在游戏中有哪些新改变、新探究，在解读幼儿游戏的过程中发现幼儿能力和经验的不断丰富。

放下"我以为"，重新发现儿童

文 / 武汉市洪山区第一幼儿园悦蒲园 毛梦菲

虽然在理智上我知道自己要放手，但在实践中我总是忍不住介入孩子的游戏，因为我担心孩子不玩、不会玩、玩得不精彩。一次滑索区的游戏，让我看到了孩子游戏的多种可能性，也让我有了新的思考。

主动介入

那天，我们班的孩子刚开始玩滑索，壮壮却一直站在台上，迟迟没有上去滑。这时，有一个小朋友把滑索的把手递到了他的手上，他抓了一下把手后又马上松手了，于是我忍不住催促："壮壮，你滑下来呀！""我有点害怕。"壮壮皱着眉头说。"你抓紧这个杆子，往下跳，不要怕，老师在下面抱着你。"我边说边伸出手。壮壮听了点点头，往前走了两步准备跳，但他往台下望了望，又吓得退了回去。这时其他小朋友都在催促他，于是我请其他小朋友等一等，给他一点时间。最后，壮壮终于鼓足勇气，抓紧滑索往前一蹬，结果脚刚一离开台面，壮壮就掉了下来，摔到了垫子上。接下来无论我怎么劝说，壮壮都不愿意玩滑索了，只是在旁边看着小朋友玩。

壮壮：我从滑索上掉下来了，掉到垫子上了。

第二天游戏时，我又发现了一个没有上去滑滑索的孩子——阳阳。于是我过去问他："你怎么不滑呀？"他说："我不敢。"我跟他说："你两只手抓紧杆子，脚往前蹬就可以了。"滑索过来了，我让他试一试，却被一旁等着玩滑索的小朋友一次次地抢了过去。我找到机会把滑索递到他手上，对他说："快抓紧，不要怕，我在下面抱着你，保护你！"他很顺利地滑行到了对面，下来以后我问他："还玩吗？"他说："不玩了，不好玩。"

那时候我以为在滑索区就是要玩滑索游戏，所以看到有孩子没去滑的时候，我的内心是着急的，我觉得他们可能是害怕，第一想法是我要去鼓励他们，让他们多玩几次，体验滑索游戏的乐趣，同时战胜自己的胆怯。于是，我多次鼓励他们站上平台，甚至还会让其他小朋友等一等，给他们挑战的机会。虽然在我的介入下，他们挑战了滑索，却没有喜欢上这个游戏，甚至还说"不好玩，不想玩了"。他们的反应让我有点沮丧，但是我心里想的是：明天我还要想办法让你们试试，让你们能真正地发现滑索的好玩。你们只是胆小而已，多试几次就好了。

第三天，阳阳和壮壮依旧没有上去玩滑索，我还想让他们继续尝试，于是我走过去问："你们怎么没玩呀？"他们的回答还是一样："不好玩，我不敢玩。"这时阳阳对壮壮说："我们去拉绳子吧？"壮壮点点头。他们两个就站到滑索的终点处，在滑索抵达时拽着上面垂下来的绳子跑回起点，为每一位孩子传送滑索。在这个过程中，他们拉着绳子跑来跑去，虽然脸上挂着豆大的汗珠，但却一直积极地投入其中，和前两天被我推着去滑滑索的状态截然不同。这让我突然对自己产生了质疑：劝说他们继续挑战滑索，到底对不对呢？

退后观察

带着上次的疑惑，我继续对他们进行观察。第四天的时候，壮壮和阳阳依旧对传送滑索充满兴趣，他们直接站到了滑索的终点等待，时刻准备着传送滑索。但是，今天很多小朋友在滑到终点后就主动将滑索拉回了起点，壮壮和阳阳只能努力地争取传送滑索的机会。他们在整个游戏过程中都做着这件事情，抢到了滑索绳就会露出开心的笑容。在游戏故事环节时，他们将今天的游戏场景画了下来，和我分享他们的游戏时，我问他们："今天玩得开心吗？"两个孩子都告诉我自己很开心，并且表示明天还想玩，还要送滑索。

听到他们这样的表述，我反思自己。我费尽心思劝说孩子去尝试、去挑战的游戏，他们体验之后却觉得不好玩、不想玩。而我没介入时，"把滑索从终点拉回起点"却成了孩子们感兴趣的事，他们一次又一次乐此不疲地运送着滑索，一直到游戏结束。

第五天的时候，我发现壮壮到了另一个滑索处，这里的滑索更高，难度系数更大，很多孩子因为个子还不够高，够不到滑索，所以玩的人相对较少。壮壮试了一试，发现自己可以够到滑索的绳子，于是就一直在终点帮小朋友们送滑索。这挺让我感到意外的，前一天有很多小朋友都主动将滑索拉回起点，壮壮就少了很多拉动滑索的机会，今天他通过亲身尝试发现自己可以拉到更高的滑索，换了场地后，他运送滑索的机会也就更多了。这不就是孩子们在游戏中自主解决困难吗？壮壮成了我心中"了不起的儿童"。

壮壮：我昨天拉滑索了，我好高，我拉得动。

而阳阳同样在矮的滑索处抢不到太多传送绳索的机会，但是高滑索对他来说也很高，他不太敢过去，所以暂时站在楼梯上和其他的小朋友讲话。就在这时，一阵风吹过，他的帽子被吹掉了，他注意到了这个现象。他捡起帽子后，又往楼梯上走，将帽子往下丢，边丢边说："我的帽子飞起来了。"就这样玩起了扔帽子的游戏。

阳阳：小朋友玩滑索，我的帽子掉了，后来我的帽子飞起来啦！我把帽子往下丢，它就飞起来了！

原本我还在担心他们会因抢不到太多传送滑索的机会而感到沮丧，失去游戏的乐趣，没想到孩子的表现再一次让我感到惊喜，他们才是游戏的高手。

我的反思

我很庆幸这几天没有继续坚持让他们挑战滑滑索，我放手把游戏的自主权还给了孩子，不仅让我看到了"了不起的孩子"，也让我意识到自己过去对游戏认识的局限性。

原本我认为滑索区的游戏就是去挑战滑索，感受从滑索上滑下来的刺激，所以我看到孩子没有上去滑的时候急着介入了，我想让他们按照我印象中的、我以为的那样去游戏，但是结果不仅是孩子不喜欢、不愿意，我自己也有些沮丧。

其实孩子对游戏有着自己的判断，他一开始的迟迟不肯尝试可能是因为他感觉到了滑索的挑战性，他觉得自己还没有准备好，也可能是他当时对"滑过去"并不感兴趣。我这时候的介入更像是推着孩子去玩游戏，可能反而会抹杀孩子游戏的积极性、创造性，甚至可能会让危险发生。所以我们应该相信孩子，尊重孩子的游戏意愿，静静地等待和陪伴。

当我放手后，我看到他们会由衷地沉浸在自己的游戏中。原来的我可能都不会把"传送滑索"当作一个游戏，因为我疑惑这样拉着绳子跑来跑去，真的有游戏体验吗？我下意识地觉得抓着滑索滑到对面更刺激、更好玩，但这只是我的固有印象。孩子们的投入和喜悦让我真切地感受到他们对传送滑索的兴趣，也许他们在每一次拉动滑索绳时的体验感是不一样的，例如每根绳子的长短、所用力气的大小、跑动的速度……都会影响他们拉动滑索绳的感觉。正是在这样一次次拉动滑索的过程中，他们发展了手臂力量，获得了真实的体验和经验。

孩子才是游戏的主人，他们天生就会游戏，在他们的世界里，游戏有着无数的可能性。当教师放下预期、放下心中的"我以为"，从"想让幼儿如何游戏"转变成"想知道幼儿是如何游戏的"，让孩子自己决定玩什么、怎么玩、与谁玩甚至玩不玩，并观察孩子的一举一动，就会发现原来孩子这么能干，就会意识到很多我们以为的指导和帮助，其实是在打断和阻碍孩子的游戏。所以，与其介入，不如放手，在放手中观察，在观察中发现。

看似放弃的孩子在做什么？

文 / 德清县新市镇第一幼儿园 顾平平

瞧，游戏场上，孩子们正兴奋地搬运着轮胎、梯子、木板等材料进行游戏。诚诚小朋友是我们班里一个非常活跃的小男孩。只见他和天天兴高采烈地搬着木桩，正在给几个木桩排队。排好队后，诚诚对身边的天天说："你帮我看着，我去搬梯子。"天天点了点头。不一会儿，诚诚就搬来梯子架在了一个木桩上。"可以了，开始走吧。"他大声而满足地"宣布"。于是，许多小朋友在他的号召下纷纷过来尝试。

可是走上梯子的小朋友都皱紧了眉头，身体摇摇晃晃，梯子一点都不稳当。有个小女孩还摔了一跤，她嘟着嘴巴说："你这个真难走，不好玩。"说着就离开了，许多小朋友尝试之后也都离开了这个场地。诚诚难过地看着他们远去的背影，决定自己走上梯子试试。"哎哟，怎么这么不结实？"他忍不住喊道。这时，我心想他应该会搬其他材料进行调整吧！

但是，我错了。只见他把竹梯往旁边一放，自己到别人搭建的场地上去溜达了。他先玩了竹梯与轮胎的组合，一下子走了两遍。又玩了木板与轮胎的组合，然后在操场上跑了两圈，最后又走了三遍木桩。就这样，他似乎忘了自己搭建的场地。

第二天，我继续去观察诚诚小朋友，因为我对他充满了好奇，很想看看他今天是会继续自己搭建还是会尝试玩新的游戏。

只见他一到游戏场，就快速地拖运材料，开始游戏。他先和上次一样，搬来小木桩，一个个排好队。然后迅速地搬来梯子，把梯子架在了两个木桩上，然后又在梯子的另一头放了一个轮胎。看到诚诚从"梯子架在一个木桩上"到"梯子架在两个木桩上"，从"没有放置轮胎"到"在梯子的另一头增添了轮胎"这样的改变，我的内心很是激动。显然，诚诚在选择材料和放置材料时比昨天有了更多的思考，他正在想办法解决昨天梯子不稳当的问题。

搭好之后，诚诚并没有像上次那样直接吆喝，而是自己走上去试了一试：发现还是有点摇晃。在那站了一会儿后，他换了两个和轮胎差不多高的木桩，再走上去一试，"哇，我成功了。"然后，他万分欣喜地向小伙伴们呐喊："来，快来，看我的游乐场搭好了。"小朋友们纷纷走过来尝试。有个小男孩对诚诚说："你搭得真好，我还要玩。"看着伙伴们在他搭建的场地上快乐地游戏，诚诚开心地笑了。

如果是以前的我，会觉得第一天诚诚没有任何收获，因为他在梯子不稳时没有去调整自己搭建的场地，反而去别的小朋友那里玩了。我会在心里失望于他遇到了困难并没有想办法去调整和解决，而是选择了放弃。

但是现在的我，当诚诚先放下自己的失败，尽情地到别人搭建的场地上去玩时，我觉得应该完全尊重他的游戏行为，体验同伴的游戏不也是一种经验的吸收和内省吗？

游戏之后，我和诚诚进行了一对一的对话。

师：诚诚，今天老师看到你成功地搭建了游乐场，很多小朋友都来玩了，真为你感到高兴。

诚诚嘿嘿一笑：我昨天搭得不好，今天搭得好。

师：你是怎么做到的呀？

诚：我昨天去玩了小朵的独木桥，很平的，一点都不会倒下来。我搭的游乐场太摇晃了。

师：那你是怎么调整的？

诚：今天我也搭了个平的，小朵他们用轮胎搭的，我想和他们不一样，我用了两个木桩，这样也可以放平。我怕倒下来，又放了一个轮胎。

我摸摸诚诚的小脑袋：你真有自己的想法，了不起！

我的反思

孩子们看似在毫无目的地玩耍，其实是在有意识地思考、学习。他一边观察同伴搭建的结构，一边反思自己哪里需要调整。首先，他发现别人的梯子都是两头搭建的，于是他增添了轮胎。其次，他发现别人搭建的都很平，没有陡坡，所以他换了两个和轮胎差不多高度的木桩。最惊喜的是他还告诉我，他仍然要和别人搭得不一样，所以他还是选择了搭在木桩上，为了更平稳，他放了两个木桩。当他告诉我这些时，我脑中闪现的只有一句话："孩子虽小却不小，你若认为孩子小，你比孩子还要小。"

作为老师，我们要相信幼儿的"能力"，给幼儿更多自由探索的时间。如果当诚诚遇到困难时，老师马上就介入，要求诚诚调整，那么诚诚会有怎样的表现呢？

我做过这样一个实验，有个小朋友在用拱桥和竹梯搭建，可怎么也搭不好，于是我马上介入："小朋友，你觉得可以怎样调整呢？"这个小朋友很迷茫地看了我一眼："不知道。"当时的我很尴尬，只能继续引导："是不是可以……"其实这时候教师的介入是毫无意义的，与其说是引导，不如说是指导。所以，当我放弃介入，看着诚诚到别人的场地上玩时，其实是我给了他更多自由探索的时间，在探索中积累解决困难的经验。

作为老师，我们要赏识幼儿的"逻辑"——给予幼儿更多自我成长的尊重。案例中，诚诚并没有马上解决困难，而是先把困难放在一边，他解决问题的方法是体验别人搭建好的游戏场地来增加这方面的经验，根据自己观察到的别人的搭建方法来调整、优化自己的游戏场地。如果我在诚诚跑去别的游戏场地时就制止他，让他按照我的要求去调整搭建结构，就不仅让诚诚失去了从同伴那里吸取经验的可能性，也剥夺了他自主调整搭建结构的机会。我们要给幼儿自主探索材料的时间和空间，给他们发现问题、积累经验、解决问题的机会，也要善于发现幼儿有着多样的学习方式。

因此，当幼儿游戏时，请让我们放开双手，擦亮双眼，紧闭双唇，做一个有心的"木头人"，追随、观察幼儿。例如在幼儿"看似放弃"时，去持续关注他们在做什么，去发现他们吸取经验的多种途径、解决问题的多种方式，去发现他们的兴趣、他们的需要。

泥巴雨

文 / 扎赉特旗鑫小清华幼儿园 乔智辉

小文听到别的小朋友说下雨了，就把刚捏好的小泥球放在右手的手心里捏扁变成泥巴条，然后用力握住挤压，泥巴一点一点地从手里掉了出来，他又把泥巴条横过来掰断，然后轻轻地松开手，看到泥巴变成两个小块垂直下落到地面。接着，他用力从碗里挖了一块泥巴，站起来用双手揉搓泥巴。当泥巴碎渣纷纷落下时，他兴奋地说："下雨了！"然后，他又挖了一大块泥巴，把泥巴放在手心，双手贴合，用更快的速度搓，泥巴碎渣更小、掉落的速度更快了。正在旁边做城堡的安妮也站起来用手接"雨"，然后说："好好玩，下雨咯！"小文拿来一个蒸笼，把泥巴放到笼屉里，用力摇着，但是泥巴没有那么容易从小孔里掉下来。于是，他先用双手把较大块的泥巴搓得小一点、碎一点，再放到笼屉里，更大力地左右上下摇晃，"雨"下得更小、更均匀了。

等一等，发现更多可能

文 / 无锡 泽楚妈妈、温州 末末爸爸

　　真游戏理念下，游戏的自主权还给了幼儿，幼儿随时随地获得真实的体验和经验，主动探究、积极思考，其发现和收获远远大于传统教育的效果。0—3岁的婴幼儿也有主动探究、发现世界的能力。这从他们识别人脸、听懂语言等惊人的表现中可窥见一斑。因此，在自主自由的游戏中，幼儿通过自己的感官去触碰、体验、感受世界，能更快发现、认识事物之间的联系，建立起对世界的认识。

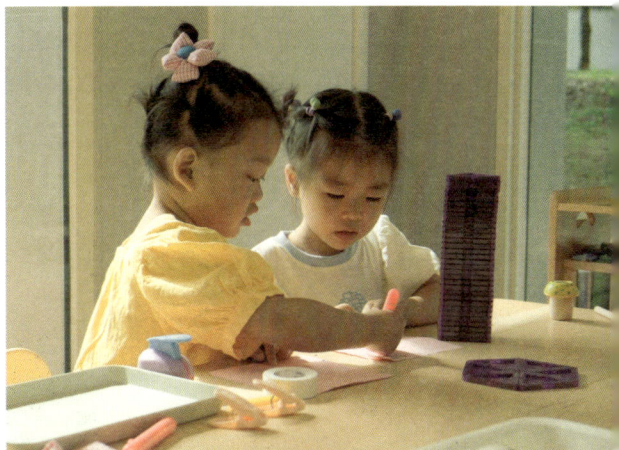

你会忍不住吗?

孩子装不上瓶盖,忍不住上去帮忙;

孩子正在摆弄积木,忍不住教他怎么搭;

孩子玩好游戏后地上很乱,忍不住替他收拾;

······

如果忍住了,他们自己能处理好吗?

等一等,孩子自己发现了盒子滚动的秘密

　　小男孩偶然之间掀起爬垫时,发现它的起伏可以带动垫子上的盒子滚动起来。于是,他开始不断地重复扒拉盒子、掀起爬垫的动作。要不要告诉他把盒子放在垫子的边缘就能滚得更快更远?

　　等等!

　　看! 他一直在摸索盒子的位置,几次实践之后,他发现了盒子滚动的秘密,很快就将盒子滚得又快又远。他兴奋地大喊:"成功啦!成功啦!成功啦!"

　　当我们重视孩子持续探索的过程,仔细观察他的动作和状态时,我们便能发现:每一次调整盒子的位置、每一次掀起爬垫去尝试的过程,都是他经验的不断积累。无聊的重复行为并不无聊,这恰恰是孩子在持续探索中循序渐进地学习,层层确认、归纳自己的发现的过程。

等一等，孩子知道要扶住马桶了

　　小男孩正在尝试将小马桶下面的抽屉塞回去。由于没有扶住小马桶，当婴儿将抽屉往前顶的时候，小马桶也跟着往前滑动。连续几次都是如此，小男孩便有些着急了，举起抽屉对着爸爸"啊啊"叫了两声。要不要教他怎么把抽屉放回去呢？

等等！

　　看！ 孩子意识到要将马桶固定住才能成功。这一回，他伸出左手按住小马桶，用右手抓住抽屉，用力往前顶，终于成功将抽屉推了回去。他的脸上满满都是成就感！

　　当我们理解孩子的不满和着急，用鼓励、肯定和陪伴帮助他缓解情绪时，我们便能发现：孩子尝试的过程中也有思考，他不仅发现了抽屉一直往前滑的原因，还找到了解决问题的办法！这比我们直接帮他塞回去更让他有成就感。

　　游戏中的担心和焦虑往往源自对孩子的不信任、不理解。当我们看到孩子在反复做一件事时，当我们看到孩子遇到难题时，请一定要忍住、等待，给孩子空间和机会用自己的方式去游戏。你会发现孩子能自己主动探索和发现，能化解问题和困难，并在这个过程中不断收获经验和发展。

孩子们真的在"瞎玩"吗？

文 / 沈阳 晞哲妈妈、湖州 果酱妈妈

孩子是不是不会玩？要不要教教他？

孩子喜欢当"搬运工"，把玩具搬进搬出；

孩子沉迷于"拿出来、放进去"的游戏；

孩子爱摆弄积木，却不用它搭房子；

……

这些我们认为在"瞎玩"的行为，其实是孩子在用他们自己的方式认识材料、了解世界。

不用急着教，孩子有自己的办法。

高结构材料也可以拆开玩

爷爷说要教孩子怎么玩彩虹转转乐。他抓着孩子的手，拿起小球放入篮筐，小球沿着轨道旋转，最终滑落到地上。可是孩子好像没有多大的兴趣。

让孩子自己玩试试，会发生什么？

爷爷发现：原来孩子对球本身更感兴趣。他更愿意咬一咬，感受球的大小、表面质地；摇一摇，听球体中颗粒碰撞所产生的沙沙的声音。

如果我们将重心从教会孩子怎么玩转移到看孩子自己怎么玩，给孩子自己探索、游戏的机会，我们将看到：孩子游戏的方式与他当前的发展水平相匹配。小年龄的孩子正处于接触、认识世界的阶段，对任何事物都是好奇的，因此他们更喜欢探究物品本身的特点。我们不必纠结于他怎么不会玩、怎么只会玩这个，应该关注他在玩什么、是怎么玩的。

积木也可以只玩"拿、放"

孩子坐在积木盒前，将散落在地上的木制积木和塑料积木捡起放入积木盒中，在这过程中建立起对不同积木的形状、大小、轻重的认识。

当孩子把塑料积木放入盒中时，其产生的声音明显和木制积木不同，于是他立刻看向积木盒中。可见在这个过程中，他也建立了声音大小的经验，并对明显的声音变化非常敏感，在好奇心的驱使下探头察看。

如果我们多一点耐心，以陪伴、等待的姿态支持孩子对世界的探索，我们将看到：积木不是只有用来搭建才有发展意义，简单的拿、放也是孩子认识、了解世界的方式之一，也能推动认知的发展和经验的积累。

颜料也可以当作"停车位"

小男孩对车、车库、停车位上的数字非常感兴趣。他看到管状颜料可以"站"起来，便把颜料一个一个竖立在地毯上，搭起了"停车位"，又将玩具小车放在颜料之间的空档里。

他将颜料管当作"标志桩"，辅助计算车辆的总数。放好车以后，他立即说："有12辆车了。"由于之前拿掉了一管颜料（但他忘记了），实际上只有11辆车。在孩子和妈妈分别点数确认后，他立即拿来旁边的公交车放在第一个颜料管前方，说道："12辆车了！"

如果我们抛开对玩具材料的固有思维，允许幼儿按照自己的方式创造性地使用材料，我们将看到：孩子比我们想象的更有能力。在他们的世界里，游戏材料灵活、多变，充满了无数的可能性，可以表征和替代任何事物。

谁说高结构材料就只有一种固定玩法呢？谁说积木只能用于搭建游戏呢？谁说颜料只能出现在涂鸦游戏中呢？在孩子们充满探索和想象的世界里，游戏材料可以拆开玩，可以简单地玩，可以有创造性地玩……我们大可不必因为孩子没有玩出我们想要的效果而焦虑、担忧孩子不会玩。不妨带着更多的好奇去观察孩子是"如何乐此不疲"的，你会收获越来越多的惊喜！

下一次，你还会觉得他在瞎玩吗？

看见孩子即看见未来

华东师范大学教授　华爱华

　　在人工智能迅猛发展的大背景下，基础教育界正聚焦"学校应如何创新变革，以应对快速到来且日益不确定的未来"这一话题展开热烈讨论。让人引以为豪的是，在 2022 年世界经济论坛（World Economic Forum）发布的《未来学校：为第四次工业革命定义新的教育模式》的报告中，中国唯一入选的教育模式就是以游戏为基本活动的幼儿园教育模式，而这也是报告中唯一入选的学前教育模式。可见，基于游戏的幼儿园教育具有面向未来的意义已成为共识。正是因为游戏具有不确定性的特征，才决定了幼儿学习的主动性和教学的生成性，从而激发人的灵活性、变通性和创造性。这些品质正具有对不确定的未来的最大适应性。

　　在游戏中，幼儿的学习与发展无时无处不在自然地发生着。因此，学会在游戏中发现幼儿的学习、在游戏中理解幼儿的发展，也成为成就教师专业发展的重要途径。近年来，凡是真正做到放手游戏的幼儿园，师幼共同成长的事实有目共睹：首先是幼儿在游戏中的发展直接可见，且发展水平令人震撼，甚至大大突破教师预设的天花板；其次是游戏带给教师前所未有的专业自信和职业幸福，让教师从心底相信儿童、敬佩儿童，确立起理解儿童、支持儿童的专业形象。

　　但我想指出的是，游戏促进幼儿发展是必然的，然则教师是否随之发展并不绝对。教师对待游戏的态度决定其发展成就。如果教师认定幼儿的游戏只是低水平的瞎玩，或者认为幼儿在游戏中是不会自然发生学习的，那么就会居高临下地对待游戏。在这样的视角下，幼儿常常是"这也不行、那也不会"。因此教师总是迫切地想对幼儿的游戏行为指手画脚，但给出的所谓支架往往是为幼儿的发展潜能设限，自己也无法从幼儿的游戏中得到专业突破。如果教师认定幼儿在游戏中有学习的内生力，认定即使教师不在面前，幼儿也会在游戏中自然习得经验、获得发展，那么他们就能俯下身来向游戏中的幼儿学习，去欣赏和研究幼儿的游戏行为。这样的教师不会急于介入幼儿游戏，而是通过对游戏的观察和倾听，反思自己的行为。他们眼睛里看到的往往都是幼儿在"既能也会"的基础上的发展可能性，思考的往往是"怎样的支架才能支持幼儿主动学习"。这样的教师将会伴随幼儿的游戏不断成长。

　　我很欣喜地看到《看见孩子》正在构建这样俯身向幼儿学习的平台。在这里，研究者和实践者作为一个共同体，一起研讨儿童的学习与发展，交流教师的反思与实践，呈现受益于游戏的师幼共同成长，共同探索面向未来、可持续发展的教育生态。

目录

■

放手游戏，幼儿天生的自我保护能力在真游戏中壮大

文 / 安吉县儿童村儿童发展研究中心 袁青

一谈到放手让孩子想怎么玩就怎么玩，大部分人首先担心的是安全问题怎么解决。在与家长的交流中发现，虽然家长清楚地知道放手让幼儿游戏在学习与发展上意义重大，但都因担心安全而被困住了手脚。有些家长认为："教室里游戏安全问题还可控，到外面去就难了。"有些家长一针见血地说："周末拼命带孩子出去找地方游戏，平时又害怕孩子在幼儿园户外游戏。"家长还为幼儿园对放手游戏缩手缩脚分析原因："现在考虑到安全责任，老师们肯定不敢做的。"

有趣的是，在以上一系列的表述中并没有谈到儿童的自我保护能力这个影响安全问题的关键因素。似乎在暗示儿童的自我保护能力弱，等长大了自然就强了。那么，儿童的自我保护能力究竟怎么样？儿童的自我保护能力发展需要什么机会？日常生活的哪些环境中，儿童的自我保护能力得到发展的机会更大？希望儿童心理学的经典实验、早期教育的研究成果和真游戏的实践经验能带给我们更深入的思考。

一、视崖实验：自我保护能力是天生的

埃里阿诺·吉布森（Eleanor Gibson）和理查德·沃克（Richard Walk）在 1957 年开展了经典的视崖实验（Visual Cliff Experiment）。这一实验研究了儿童的深度知觉，尤其是对悬崖危险的感知，其研究结果于 1960 年发表在《科学美国人》杂志上[1]。

吉布森和沃克用一块木板把离地 30 厘米高的透明玻璃分成两半。他们在其中一半玻璃的背面贴上图案，形成看上去浅的一侧：在另一半玻璃以下 30 厘米的地面贴上同样的图案，形成看上去深的一侧。趴在中间木板上的婴儿会选择从哪边爬过去？如果有母亲在深的一侧呼唤他们，他们又会如何选择呢？

视崖实验的结果显示：92% 的婴儿即使在母亲的呼唤下也不会爬过深崖，就算他们尝试过了也不愿

意。但文章中还有一些有趣的细节。吉布森和沃克发现：36 个参与测试的婴儿中，27 个婴儿至少有一次从中间的木板挪到了视觉上浅的一侧，只有 3 个婴儿爬到了视觉上深的一侧。"至少有一次"是一个很有趣的表述，说明还有很多时候，婴儿在中间的木板上根本不动。

只有玻璃

透过玻璃的地板上铺有图案

阿道夫和克雷奇在后续研究[2]中指出，母亲的呼唤是婴儿参与实验必须增加的一个程序，否则大部分时候婴儿在中间的木板上根本不会挪动。吉布森和沃克还发现，即使母亲在深的一侧呼唤自己的孩子，许多婴儿还是朝着浅的一侧爬去。另外，一些孩子则在中间的木板上看着母亲哭，似乎被"要妈妈就得过深崖"的选择吓哭了。

这些反应让我们不禁思考，婴儿的自我保护能力不仅是知道深与浅哪个安全，更是"我愿意冒多大风险，我能承受多大风险"的判断。实验中有些婴儿无意中碰到了深的一侧的玻璃，他们感受到了玻璃，有些婴儿甚至用手拍一拍、试一试，即使如此仍然不愿意向深的一侧爬。小婴儿并没有我们想象的那么冲动，甚至不会轻易相信自己尝试的结果。

这番自我保护的研究也与我们在生活中对婴儿的观察不谋而合，"他们不是那么好哄""清楚地知道什么对自己有利"。

婴儿的自我保护不是看清楚深浅那么简单，也不是过或不过那么干脆。这又引发我们思考：我们看到的风险情境和当时想到的问题，与身处挑战、应对风险的儿童的感受和经历会不会根本不是一回事？

二、应对风险是多感官系统、多领域能力的整体配合

以上问题让我想到两类频繁在老师们的案例中出现的情境。一类是老师感觉幼儿的游戏挑战性很大，在幼儿突破自我之前，发现已经有其他人被叫过去帮忙缓解风险了，有时候是拿垫子，有时候是扶梯子，有时候是帮忙空出退路等。还有一类是孩子挑战时的动作和速度总是和自己的能力十分匹配，怕高的孩子总是在尽一切可能降低高度，怕快的孩子总是在想办法减慢速度，怕摇晃的孩子早早伸出一只脚准备踩地，对自己创设的游戏的安全性不太确定的孩子甚至让老师先上去试试……

这些情境使我反思，幼儿处在与同伴和环境的互动中，自我保护和应对风险时并不是某一种能力、某一种感觉在发挥作用，而是多种感官、多领域能力，甚至多人的多感官、多能力在协同发挥作用。

教师之所以在这些时刻有诸多触动，原因就是教师看到风险时想到的办法太片面，正在应对和挑战风险的幼儿却能用一切可能的方式控制风险。

我们不仅在降低风险的灵活性上比儿童弱得多，甚至对挑战本身的感受都与儿童千差万别。雷娜特·齐默尔教授在《儿童感知教育手册》中讲动觉时说："动觉包括感知空间、时间、力量以及运动的紧张度。"[3] 幼儿感到的是自己身体内部的刺激，他们通过来自自己身体的感受，了解自己身体的极限，发展对自己身体的认识。作为一个旁观者，我们缺乏这些本体的反馈。儿童不仅有动觉，还有触觉系统、平衡觉系统、味觉、嗅觉、听觉、视觉等多种感官、感觉参与他们的活动。以在搭建的积木平台上保持平衡为例，他们需要接收来自各个感官的信息，以此来找到平衡感。比如身体肌肉的紧绷度如何，双手该怎么伸展，以及伸展到什么位置。触觉告诉他们，积木是光滑的还是凹凸不平的；运动觉告诉他们，膝盖的关节应该向什么角度调整。耳朵会对周围的声响做出反应，感知什么时候风最小，旁边的人最安静；眼睛也会给予他们支持，感知哪个部分适合扶，有没有某个角度可以让积木借力固定，什么角度掉下去是安全的，什么时机可以跳离平台……这么一看，旁观的成人获取的反馈和信息确实太片面了。

齐默尔教授还提到："孩子们善于玩感官替换游戏。当他们觉得平衡无聊的时候，就会闭上眼睛进行活动。这时候眼睛以外的其他器官的功能就必须强大起来，并且指引前进的方向。"[4] 这不正是我们平时常说的"孩子总是乱来"？原来，"乱来"的背后是主动创造挑战，是用不擅长的方式完成已经完成过的任务，是使其他感官更努力地协作。

当我们认可幼儿应对风险的过程是一个积极的过程，是一个多感官、多领域能力协作的整体过程，是一个与环境和同伴互动的复杂过程时，幼儿的自我保护能力在我们心中就不再被低估了。

三、锻炼自我保护能力需要实战经验

　　幼儿的自我保护能力不简单，但成人能不能让它的养成过程顺利一些呢？这大概是每个教育者和养育者天然的想法。事实上，幼儿的自我保护能力必须亲身体验才能获得。

　　《儿童感知教育手册》中提到："经验越是来自孩子们的现实生活，越是近身体体验，知识就不会停留在认知层面上，而是通过更多感官的帮助被获取。"感知加强了思考过程。感知过程中激发的大脑感知区域越多，就越能发现事物之间更深层次的关系。这也让人们的注意力更集中，学习的动力更大。

　　前面提到，幼儿的自我保护能力不是看什么、听什么的问题，而是包括了一个情景中多种感官、能力的协作。一方面，成人的教一般只涉及视觉这一种感觉，讲的都是看得见的现象，这本来就很狭隘。就好比看儿童跌倒擦破皮的图片，并不能涵盖对地面粗糙的感受、对皮肤颜色变化的观察、对连续多天伤口痛感逐渐减轻的体验、对生活受到哪些制约的经验等。即使我们把各种感官经验逐一教过来，也仍然缺乏本体的反馈。孩子们最需要了解的还包括自己。可选的规避危险的方案是众多的，哪个方案最适合，不仅需要了解情境，更需要了解自

己。另一方面，多种感官还必须在实战中才能学会协作，作为成人也不能免俗。我们常常开自己的玩笑，什么都知道，实践中还是顾得了头顾不了尾，手眼难协调。

　　作为教育者和养育者，我们时常唠叨的本意是为孩子省事，但恐怕效率不高、作用有限，还需要放手给孩子大量实践的机会。《儿童感知教育手册》中讲到"最为重要的是给儿童提供自由探索的空间，给予他们收集自我体验的可能性。让他们运用所有的感官去接受、捕获和理解周围的世界"。[5]

四、放手游戏，让幼儿在冒险中学会面对未知和自主掌控风险

在一个没有捷径可走的问题上，我们必须保障幼儿在每天的生活中有充分的时间和机会在真实的世界中自由探索和感受。这与真游戏的初衷一致，还给幼儿一个真实、丰富的世界，让幼儿有机会跟随自己的好奇心不断探索，获得真知。为了实现这种机会，真游戏首先要保障幼儿自然的、开放的、多变的户外环境，让幼儿能充分组合各种感官经验；给幼儿提供种类多样、数量充足的低结构材料，让幼儿自主掌控环境、创造环境，从而理解环境条件、能力和行为之间的组合；给幼儿提供充足的时间，随着时间的流逝，能力和经验在增长，幼儿对自己和他人的了解在不断深入，环境在变化，面对未知和掌控风险的经验不断被打破、建立、修正；给幼儿自主权，让他们主动创造未知，应对未知。

在这样的实践中，我们不追求即时达成任何结果，却不断听到"小班的孩子就跟以前中班的孩子一样能干""他们玩游戏挑战是大，但确实很谨慎""孩子们就是聪明，看到这边挤就到旁边去玩了""常玩的孩子，每次玩之前都会检查好"……

那些天生就会选择躲避深崖的宝宝在真游戏中不断壮大自我保护的能力。

参考文献：

[1] Gibson E J，Walk R D. The "Visual Cliff"[J]. Scientific American,1960(202)：64.

[2] Adolph K E，Kretch K S. Infants on the Edge: Beyond the Visual Cliff[C]. Sage Publications Ltd. 2012:36-55.

[3][4][5] 雷娜特·齐默尔. 儿童感知教育手册：感知统合教育的基础[M]. 杨沐，谢芳，译. 南京：南京师范大学出版社，2010:100,21,7.

真正的安全
来自幼儿的自我保护和风险控制

文 / 安吉县儿童村儿童发展研究中心 袁青 陈琳

在幼儿的游戏中，教师有操不完的心：幼儿第一次接触游戏时，担心他们不熟悉材料的玩法、不清楚环境的情况，把自己磕着碰着；幼儿在游戏中产生了矛盾、互相争抢时，担心推推搡搡容易受伤；幼儿攀爬大树、从高空中跃下、在陡坡上奔跑时，担心出现意外……

华爱华教授认为："任何环境都不可能万无一失，真正的安全保障应当来自幼儿自身控制风险的意识和自我保护的能力。而幼儿的这种意识和能力是如何形成的呢？那就是教师的放手。"[1]

冒险 ≠ 危险

1. 幼儿具有天生的自我保护能力，能够自主判断游戏的风险。

不仅是成人，幼儿也有自我保护的意识。在接触新环境、新材料时，幼儿会提高警惕性，主动观察环境，根据自己的能力有意识地规避风险，如绕过地面上的坑坑洼洼、山坡上突起的土块，检查梯子上搭建的木板、滑索的绳子是否牢固等。

在游戏中，他们的游戏行为一定是与其现有的发展水平相适应的，"每个幼儿都清楚自己能做什么、不能做什么，面对难度过高的游戏会恐惧和紧张。这时他们就会降低难度，将其调整到自己能够接受的水平"[2]。

孩子们用梯子和长板搭建了一座"独木桥"，一个接一个地通过桥。

轮到阿比亚斯的时候，他停住了，变得有些紧张，抬起脚直接从木梯上跳了下来。

第二次尝试过桥时，他双手双腿趴在桥面上，一点一点地小幅度往前挪。后面的孩子开始催促，阿比亚斯又紧张了。

第三次尝试过桥时，同伴们给他出主意：跪着爬过去、抱着过去、手拉手过去、下面放个垫子再过去……

后来，小欣搬来了两个垫子铺在桥下，这个举动大大增加了阿比亚斯挑战自我的信心！他把手放到桥面上，双腿跪地慢慢地爬到了桥对面。

有了几次经验后，阿比亚斯可以双手平举着走过高桥了！

——科尔沁右翼中旗塔拉幼儿园　杨青霞

阿比亚斯一直在"独木桥"上评估自己是否也能像其他同伴一样走过去，当他觉得自己不太行、不能克服内心的恐惧的时候，他选择了一种小心、谨慎的方式——慢慢爬过去。在一次次不停的尝试之后，他终于能够克服自己对高度的恐惧，平稳地走过高桥。可见，幼儿没有教师想象的那么"鲁莽"，他们会自主判断游戏的危险程度，在一次次"我好害怕呀。""我要再来一次！"的内心冲突中完成对自己身体的认知，挑战自己的能力极限。

2. 幼儿在游戏中提高自我保护的意识和能力，玩的机会越多越安全。

华爱华教授提出：

"挑战性的环境不等同于危险的环境，而是指能够激发幼儿超越原有经验进行探索和尝试的环境。挑战也不同于隐患，挑战是个体面对可预测的风险而表现出的一种勇气，是有准备的，而隐患是一种个体无法预料的风险。"[3]

"任何过度保护的措施都只能削弱幼儿应对挑战和风险的能力。"[4]

充满冒险、挑战的游戏场能够刺激幼儿通过判断环境材料、控制身体、避开障碍等方式获得游戏经验和能力，并从中获取应对风险的知识和经验。幼儿自主游戏的机会越多，获取的经验越充分，对环境和材料的判断、对自身能力的认知也就越准确，自我保护的意识和能力的发展也会更快。因此，支持幼儿冒险"不仅不是引发事故的根源，反而是降低事故发生率的有效方式"。[5]

3. 游戏纠纷是幼儿学习的契机，支持幼儿自行解决纠纷是幼儿发展的需要。

部分老师视游戏纠纷为洪水猛兽，一旦发现幼儿出现了争抢、冲突的行为，就会立即冲过去解决，"不允许""不可以"的声音充斥在游戏过程中。

我们不妨反问自己，游戏过程中的困难、同伴之间的争执，难道不是孩子们学习的契机吗？孩子们需要在解决困难、处理争执的过程中，逐步获得解决问题的经验和能力。如果我们珍视这些学习的机会和学习的价值，那么我们就会更谨慎地对待自己的介入，就会再退后一点，再多给孩子们一些机会，见证孩子们在游戏中解决问题能力的提升。

孩子们在户外游戏时，地上有一根跳绳，洋洋停下来去捡，晗晗跑上前说："这是我的跳绳。""我先看见的。"洋洋回答。说完两人就开始抢跳绳，洋洋捡起跳绳，晗晗在身后追赶，快追上后顺势拉住跳绳，两人互相拉扯，互不相让，各自念叨着这是自己的跳绳。

在争抢的过程中，跳绳被两人拉直了，洋洋、晗晗各抓跳绳一头，使劲要把跳绳拽到自己这边。地上还有一根跳绳，两人谁也不要，就是要抢手中的那一根。洋洋说："拔吧。"说完，他双手握住绳子，身子向后倾，而晗晗右腿向后迈，左腿弯曲在前，身子前倾，也做好拉绳子的准备。本来在争抢绳子的两人，就这么开始了新的游戏——拔河。

——内蒙古自治区党委政府机关幼儿园　齐健

在孩子们争抢跳绳的过程中，教师始终没有任何介入，只是在一旁安静地拍摄和观察，将冲突解决的权利完全放手给了孩子。为了得到这根跳绳，两人互不相让，但最终这个矛盾却在他们拉拽跳绳的过程中迎刃而解。

"游戏是缩小的成人社会"，幼儿在解决游戏冲突的过程中逐渐掌握了分享、协商、交换、轮换等交往技能，学会如何处理矛盾、更好地与他人相处，也大大增强了自己面对未知情况时的适应能力、处理突发状况的能力。因此，教师要给予幼儿解决矛盾和纠纷的机会，陪伴幼儿在解决问题中获得发展。

如何支持幼儿的挑战与冒险

1. 放手不放任，及时靠近孩子。

当幼儿的游戏既没有影响到他人，也没有实质性的伤害出现时，教师应尊重幼儿的游戏意愿，最大程度地放手让幼儿自己体验并解决游戏中可能出现的问题、矛盾和冲突。

真游戏理念中放手有三大原则："不伤害环境、不伤害他人、不伤害自己。"

但放手游戏并不等于放任。在游戏中，当幼儿表现出冒险和挑战行为时，教师应第一时间调整站位，以最敏锐的反应从容地靠近孩子密切观察，保证自己能在危险真正发生之前及时"出手"保护他们，而非干涉、干预或指导。

几个孩子一起用两个梯子和三个长板搭建了一个滑梯，当第一个孩子滑下去时，长板向前滑脱了些，只有一个边还搭着一点。我看到了问题，但忍住没有提醒，而是马上靠过去关注他们的后续行为。

第二个孩子快滑到下端的时候，长板一下子滑落到了梯子的下一层，我的心"咯噔"一下。这时，他摸着小屁股走到长板落下的地方和其他小朋友说："这个滑梯不稳。"看着孩子没事，我的心平静了下来继续观察。

他们根据自己的经验找到了梯子滑落的原因，是因为梯子没有放稳，中间的安全线没有拉直。于是几个孩子把梯子放稳，再把长板放上去，又继续游戏了。

——乌海市海渤湾区第十四幼儿园 杨利荣

在滑梯游戏中，教师早已发现孩子们搭建的滑梯结构不稳，她毫不犹豫地靠近，密切关注他们的后续行为，给予他们时间去斟酌、判断并做出决定，而非立刻上前制止。教师要时刻抱有放手游戏的意识，在实践过程中不断突破自我，观察和发现幼儿不断成长的自我保护能力。

2. 借助游戏分享生成共性经验。

孩子们刚开始游戏时，经常会出现转个长板方向就碰到其他孩子的现象，老师们会怎么处理这个问题呢？

首先是现场观察，做好视频或照片记录，我们会发现在情况不那么严重的情况下，孩子们会互相表达歉意、安慰，通过友好的交流解决游戏中偶尔出现的冲突。

其次，老师们会在游戏分享的环节，将记录下来的画面展示给孩子看，引导孩子去发现：今天游戏当中出现了什么问题，这种问题对场地上的其他同伴有哪些影响，如何去解决这样的问题？将游戏中可能存在的安全问题进行集体讨论，让幼儿的经验成为班级的共性经验。在下一次游戏时，他们试着规划自己的游戏场地，尽可能在自己的区域内进行游戏，减少对其他同伴的影响。

3. 定期检查、维修、更换游戏材料。

安全隐患并非游戏中的挑战、冒险，而是隐蔽的、无法预料和控制的危险因素，虽然不能百分之百地规避，但园方及教师可以在环境创设和投放材料时加以防范，如综合区设置在软质平整地面上；安排专人对各区域进行消毒、灭蚊工作；每日对环境材料进行安全检查，并反馈环境材料出现的问题，如破损、霉变等，及时维修或更换材料。

真正的安全教育是让孩子拥有处理真实环境下各种状况的能力。游戏中的小磕小碰，是我们可以接受的风险，所以教师们不必过分担忧，做到"最大程度的放手，最小程度的介入"，将解决游戏困难和冲突的机会还给儿童，给予儿童充足的时间不断挑战自己，在冒险和挑战中逐渐提高自我保护和风险控制的意识及能力。

参考文献：

[1][2][3][4][5] 韩康倩. 华爱华教授访谈录之二："安吉游戏"中的环境创设 [J]. 幼儿教育，2021（7）：11,12.

滚筒的 "N+1" 种可能

文 / 远安县商业幼儿园 许红玉

看着滚筒区里高高低低、颇为笨重的大家伙，我的心里直打鼓：这么重的滚筒，孩子们玩得起来吗？他们能站上去吗？按捺住心底的疑惑，我发现了滚筒的更多玩法，看见了孩子们的无限可能。

第一天 开火车

今天希希一个人搬来一个滚筒立着，他先双手抓住滚筒边缘，然后上半身往后倾斜，双手向胸前靠拢，边拉滚筒边说："哇，滚筒好重呀！"他搬一下，就放一下滚筒，嘴上喊着："我没有力气了，它太重了。"大概两分钟后，他把滚筒放倒在草坪上。接着他双手向前推滚筒，推到草坪中间后，他钻到滚筒里跪坐着，上半身微弯，双手分别放在身体两边的滚筒面上。这时滚筒左右滚动，他说："哟，我要晕了。"

只见他随着滚筒移动的方向，不停地移动自己的身体，这时他说："滚筒向前滚，我也向前移动了，这是我的小火车，嘟嘟嘟……它来了，快让一下。"只见他快速地移动身体，滚筒也向前移动，他开心地笑着说："好好玩呀！我要开着火车去宜昌玩。"

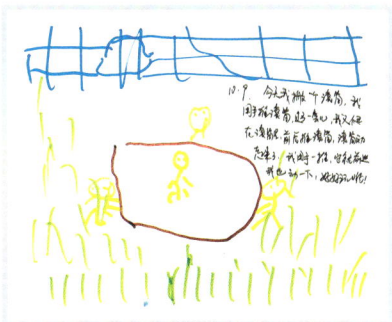

游戏故事：今天我搬来一个滚筒，过了一会儿，我又趴在滚筒里，前后推滚筒。滚筒动起来了，我用手一推，它就前进，我也动一下，好好玩哟！

第二天 打地鼠

今天的游戏中，希希首先独自搬了两个滚筒，他把滚筒并列放在一起，大喊："我今天要玩打地鼠游戏，还有谁要参加呀？"这时谦谦回应："我来我来！"接着谦谦推着最左边的滚筒，希希双手抓住中间的滚筒，并把滚筒推向谦谦。这时磊磊也把第三个滚筒推过来了，和之前的滚筒并列放好。希希说："好了，滚筒放好了，游戏开始了。"

接着他跑到三个滚筒的另一边，双手撑在滚筒边缘，身体前倾，努力把双腿移到滚筒里，喊着："快来呀！就像我这样爬到滚筒里，然后蹲着。"

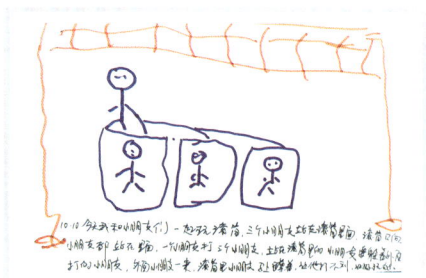

小逸跑过来，希希说："你来打我来躲，你打到谁了，你就进来。"其他的小伙伴也都躲到了滚筒里。接下来希希大喊着："打地鼠开始了，我先躲，你们要快呀！别被小逸打到了。"希希一会儿蹲在滚筒里，一会儿站起来，他的眼睛一直盯着小逸。小逸过来了，他立马蹲在滚筒里；小逸一走，他立刻站起来了，他们一直重复玩着这个游戏。

游戏故事：今天我和小朋友们一起玩滚筒，三个小朋友站在滚筒里，滚筒口向上，小朋友都站在里面。一个小朋友打三个小朋友，站在滚筒里的小朋友要躲着外面打的小朋友。外面小朋友一来，滚筒里的小朋友要马上蹲下来，让他打不到，好好玩的。

第三天 挑战上滚筒——趴着

今天希希搬来一个小滚筒，他把滚筒放倒，然后说："我今天要挑战一个人在滚筒上面，我的身体都要在上面。"接着他双手抓住滚筒，上半身趴在滚筒上，腿和脚插在滚筒里面。但是滚筒左右晃动，他的身体随着滚筒移动，很快便滑了下来。希希喊着："哎呀！我又掉下来了，这个滚筒好滑呀！我要跟滚筒一起动起来。"

又试了几次之后，他喊来宏宏躺在他面前的滚筒里。他说："宏宏，你在里面压住滚筒，不要让它动哟！我再爬到滚筒上去。"接着他把左腿放到滚筒上，右脚蹬着草坪，双手紧紧抓住滚筒边缘，不停地喊："宏宏，压住滚筒呀！不要让它动。"希希整个身体都在滚筒上了，他又喊："宏宏你慢慢地出来，不要使劲弄滚筒哟！"

这时宏宏从滚筒里出来了，希希先把左腿慢慢地放到滚筒上面，滚筒没有移动，接着他又把右腿慢慢地放到滚筒上面。这时他整个身体都趴在滚筒上，说："我不能动，一动就要掉下来，我不想掉下来，怎么办呢？"希希一动不动地趴在滚筒上，就这样持续了两分钟，后来他下来说："我趴在上面不能动，好累呀！"

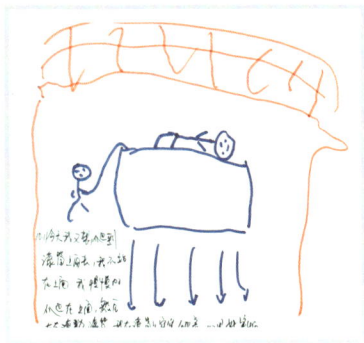

游戏故事：今天我又爬到滚筒上面去了，我慢慢地趴在上面，然后左右滚动滚筒。我在滚筒上牢牢地趴着，心里好害怕。

第四天 挑战上滚筒——扶着

今天希希还是以同样的方式把滚筒放倒，再一次尝试爬到滚筒上，滚筒左右晃动，他又掉下来了。这时他站在草坪上，看看四周，又看看滚筒，然后说："我还是要到滚筒上去，我昨天没有成功，今天要再想一个办法。"

这时橙子跑过来跟他说话，问他怎么不去玩，希希说："我想到滚筒上，但是我总是掉下来，你帮我想一个办法吧。"接着橙子说："我帮你扶着滚筒，你再爬上滚筒，我扶着滚筒就不会动了。"结果希希还是掉下来了。他说："你一个人的力量不够，再加一个人就够了。"

他们喊来洋洋和晴晴分别站在两边，希希再一次尝试爬到滚筒上，这时滚筒没有左右滚动。他骑在滚筒上，身体微微倾斜，双手放在滚筒上，说："我不敢动，一动就掉下来了，怎样才不会掉下来呢？"

一分钟后，洋洋和晴晴双手一松，他又掉下来了。他说："电视节目里，有人站在球上走，就没有掉下来。我只想骑在滚筒上面，可是没有成功。"洋洋说："你趴在滚筒上，你自己推滚筒试一下。"她们继续帮希希扶着滚筒，希希随着滚筒滚动的方向，把上半身趴在滚筒上，双手抓住滚筒边缘，大喊道："你们松开，我用脚推滚筒。"希希双脚蹬着草坪，滚筒向前移动，滚筒一动，他就把脚抬高离开草坪，他反复尝试着，还不停地说："看，我跟着滚筒动起来了。"

游戏故事： 今天小朋友在两边扶着滚筒，我爬上滚筒，可是怎么也爬不上去，滚筒上面好滑。我爬呀爬呀，最后终于爬上去了，我趴在上面不敢动，一动就掉下来了。我该怎样让滚筒动起来，自己又不掉下来呢？我没有成功，每次都掉下来了。

第五天 挑战上滚筒——抓着

今天希希把滚筒推到攀爬网下面，让滚筒靠着黄色柱子。他说："这下好了，滚筒不会跑了。"他右手抓住黄色柱子的上面，左手抓住红色圆盘边缘，右脚踩在黄色柱子下面的蓝色圆盘上，然后慢慢把双脚移动到滚筒上。希希的右手始终抓在红色柱子上，随着身体转动，他将身体转向黄色柱子，慢慢站直后，他小声说："我上来了，我好害怕，我的腿在发抖。我要抓住柱子，要不就掉下来了。"

只见他抬头看了看头顶上的网绳，说："好高呀！要抓住绳。呀！滚筒又在动，我不动了。"他保持这个姿势左右上下看看，接着举起左手去抓头顶上的网绳。他的手指碰到网绳了，这时他身体动了一下，滚筒也前后滚动。这时他缩回手，滚筒也停下来了，他说："滚筒一动我就怕掉下来，我不能动的，我一动滚筒就动了。"

希希再次用左手去抓上面的网绳，这次他左手抓住绳子了，接着又举起右手抓住绳子，他高兴地喊道："我终于抓到绳子了，我好高兴。"他抓住绳子的手左右交换，同时上半身向右扭着，接着移动双脚。两只脚都换了方向，他的手也随之换了方向。他看了看上面的网绳，又看看脚下。他小声地说："我要慢慢地走。"接着希希用双脚推动滚筒向前移动，慢慢走了一点点距离，希希的脸上露出了笑容。

游戏故事：今天我把滚筒推到网子下面，我慢慢爬上滚筒，然后慢慢站直，慢慢举起手，两只手抓住网绳。我好害怕，怕掉下来，好险的。

我的发现

对希希的观察，让我发现了了不起的儿童。在游戏中，希希始终对滚筒有着很高的探索热情，能全身心地投入到游戏中。连续五天，希希每天都兴高采烈地进行滚筒游戏，每次都有不同的玩法。刚开始他钻到滚筒里滚动，感受身体的滚动和滚筒的滚动之间的联系。接着他把滚筒立起来，玩起了"打地鼠"的游戏。对于滚筒的各种玩法，他积极地进行探索，在探索中学习，在学习中玩。

之后他都在尝试怎样到滚筒上去，和滚筒一起前进。看似一样的游戏实则不同，我在一旁细心地观察和倾听，这也更让我眼前一亮，更加有信心读懂他在游戏中的行为了。原来，他在每一天的挑战中都尝试了各种办法。第一次让小伙伴进滚筒帮助他压住滚筒不要动，第二次让几个小伙伴帮他扶着滚筒，第三次则是抓着柱子和头顶的网绳保持平衡，他虽然害怕，但一次次地挑战，不泄气、不放弃，最后一次挑战时，他因为成功站上滚筒而开心地笑了。他在这一不断尝试、失败、再尝试的过程中习得了经验和方法，收获了满满的成就感。

幼儿的游戏能力就是在这样的亲身体验中不断提高的。这是一个循序渐进的过程。我们要给予幼儿更多的时间和机会，耐心地陪伴、仔细地观察，一定会发现每一个了不起的儿童！

允许孩子大胆冒险吧！

文 / 邹平市明集镇中心幼儿园 刘佳丽

上学期在明集镇红星幼儿园实践时，园区刚刚对户外综合区的环境材料创设进行了调整。大班的孩子对于调整后的攀爬网又有了新的游戏创意——他们找来直板将两个相邻的拱形攀爬网连接起来，搭成了一座"桥"。

游戏初探索

翔翔和小伟首先选择了最长的直板放在两个拱形攀爬网的中间作为连接板，他们好不容易将直板放上去，却发现长直板只能放在攀爬网的上面，而且直板的两头卡不进网格里，距离地面位置较高，翔翔说："太高了！"

这时，小雨来到右边的攀爬网上，用右脚试探性地在直板上跺了几下，翔翔可能猜到了小雨想要过去，于是连忙摆手说："小雨，不能，不安全！"

小雨顺手调整了直板一端的位置，翔翔将一个滚筒放在了直板下面，小雨又一次用脚跺了跺直板，翔翔再次制止了他："不行！不行！还不行，这长得太不安全了！"小雨又调整了一次直板的位置，但是无论怎么调整，直板两端始终无法正好卡在网绳的空隙里。看到直板一直在晃动，小雨有些着急地说："这样更不行了，翔翔！"翔翔也附和道："嗯，这样更不行了！跌倒了怎么办？"

随后，翔翔拿来了一个短直板，并把它放在攀爬网靠下的位置，这样位置就变低了。小雨刚要准备试一试，翔翔又说："不行！不行！"原来他发现短直板左端一头没有卡在网格里，于是再次对短直板进行了调整，直到短直板的两端全部卡好。

而此时，翔翔的警惕心还没放下，觉得还是不够安全。小雨和小伟两人慢慢地站在了短直板上，小雨轻松地在短直板上由右向左通过，小伟见状也开始了尝试，并顺利通过。

翔翔看到小朋友们都安全通过了短直板后，兴奋地跳起来："过去啦！过去啦！"

"不安全"的尝试

　　孩子们已经"解锁"了各种通过短直板的方式，比如小雨可以在短直板上倒着行走，小源可以蹲着走过去。他们的探索很快吸引了更多的小朋友参与进来，小伟还不忘提醒大家上面的直板不安全，于是大家都很默契地在下面的短直板上来回穿过。

　　上面"不安全"的长直板被孩子们放弃了吗？没有！在通过短直板时，孩子们会特意扶一下上面的长直板，此时的长直板更像一个"调皮的孩子"，来回摇晃。对于长直板的探索，大家开始表现得好奇。乐乐蹲在短直板上轻轻拍打长直板，观察长直板的晃动情况，过了一会儿，他对着身边的小源说："你敢不敢？"小源沉默，顺着短直板爬到了攀爬网的高处。

　　此时，高处的长直板引起了小墨的关注，他试图从长直板上通过，而另一端的小源高声劝道："这里不安全！"听到伙伴劝阻后的小墨改变路线，选择从安全的短直板上通过。而高处的长直板却成了他的目标，他又一次来到长直板的右上方，小伙伴们齐声说："不安全啊！""你会掉到桶里面的！"小墨往下一滑坐到了长直板的右端，安全和不安全的声音此起彼伏。

　　在这期间，小墨不断试探性地用脚拍打长直板，试图检查长直板的安全性，并说道："到底安不安全啊？"他时不时地看向我，我对他微微一笑，做了一个"加油"的手势。乐乐说："这安全得很呢！"这仿佛给小墨带来了信心，洋洋见状伸出双手，对小墨说："我接着你！"小墨没有再迟疑，他试着坐在长直板上，上身呈前倾姿态，眼神专注地盯着长直板，让身体慢慢往前挪，在即将到达左边的攀爬网时，他惊奇地说："安全！真的安全！我没掉下来！"就这样，他成功地到达了另一个攀爬网，然后他再次用同样的方式折返回去，大声说："我成功了！"

游戏的升级

　　小墨成功穿过了长直板，这给大家带来了探索的信心，几个小朋友纷纷开始尝试。小泽边玩边说："我好紧张啊！"他小心翼翼地将身体往前挪动，顺利通过后高兴地说："我真的过来了！"接下来，小泽的动作越来越放松。伴随着成功的体验，他们开始设计新的游戏。乐乐、小泽利用两块高低不同的直板玩起了无限循环的"开车"游戏，下面的短直板当作上车区，上面的长直板当作"汽车"，在一声"嘀嘀"的出发口号中，愉快的开车游戏开始了。乐乐再次确认："安全得很呐！"小泽也附和道："安全第一！"一旁的翔翔和小源又拿来了木梯和轮胎，将木梯固定在两个攀爬网中间，轮胎当作阶梯，这样就出现了高低不同的阶层，大家顺势玩起了爬楼梯游戏。

我的发现

1. 一个关于安全的游戏，一场关于安全的对话

回顾游戏视频，我发现在孩子们对话中出现最多的是"安全"二字。这是一次探究"安全"的游戏，随着材料的加入和玩法的升级，总能听到孩子关于安全的讨论。在游戏中，孩子们连续通过短木板时会有一个有趣的举动，就是用手扶或者拍打上方的长直板，在多次体验中感受木板摇晃的程度，从而积累经验，比如当小墨犹豫要不要通过长直板时，

乐乐说："安全得很呐！"我想这并不是他随口说的，因为他知道直板虽然会摇晃，但是并不会掉下来，这是孩子对安全的一种预测能力。翔翔小朋友属于比较稳健、谨慎的孩子，游戏中他更多地是负责安全监督和提醒，所以大家在进行新尝试前总会问他"这样安不安全？"而他也愿意去帮助别人，像极了游戏中的安全质检员。

2. 适时的支持与鼓励为幼儿建立安全感

游戏中，大家听取了翔翔和小伟的建议，没有轻易尝试高位置的长直板，在当时我一度以为孩子的游戏不会再往后进行了。我主观上有些失望，心里一直有个念头想去告诉孩子"可以尝试一下"，而小墨小朋友的加入让我恢复平静。

起初，他也在怀疑"到底安不安全"，他看向

我，仿佛在等我的答案。我微微一笑，给了他一个加油的手势，而同伴的关心和鼓励也让他勇敢起来，比如乐乐对安全的评估、洋洋伸开双手打算在地面"接"住他，都为小墨创设了温馨、安全的心理环境，于是他终于勇敢迈出了第一步，最后用自己的行动告诉其他人：上面的直板也是安全的。于是才有了后面小朋友一起在直板上游戏的镜头。

3. 游戏中幼儿的个性发展

在游戏中，每个孩子的发展是不一样的。翔翔小朋友没有直接体验游戏，但他会先人一步想到安全问题，并及时为游戏增添新材料，在看到同伴因为他的帮助成功后，他欢呼、雀跃，同样获得了成功的喜悦。同时，他自始至终都在观察游戏的发展，所以他的观察是最专注和持久的，看待问题也更全面。

乐乐小朋友在游戏中通过拍打、按压的方式探索长直板的稳定性，最后得出结论：长直板也是安全的，为接下来探索长直板做好了经验铺垫。

小墨小朋友看似大胆，但他在面对安全问题时，没有冒进，而是小心谨慎，在得到多方面的支持后，他才开始探索，成为通过长直板的第一人。

孩子们在游戏中看似是独立的，实则是在合作中发现问题并解决问题，我们应该从多角度去观察和了解孩子，从而更客观、全面地认识每一个孩子的发展。

作为教师，我们习惯通过自己的主观意识来判断游戏或者环境的安全性，低估甚至忽视了孩子自身对安全的判断能力，从而束手束脚，不敢放手。但是，当我们把游戏还给孩子，让孩子在游戏中拥有绝对的话语权时，我们发现他们有主动评估风险的能力，有自我保护的意识，还能提醒同伴注意安全，也应了这句话——千般爱护，不如自护。幼儿在游戏中通过自主思考安全问题，在冒险和挑战的同时去规避危险的发生，不断获得安全意识和自我保护能力的发展。

谁说小班幼儿易放弃、难坚持?

/ 邹平市明集镇中心幼儿园　高旭

　　一直以来，我对小班幼儿的游戏都不抱有太高期待。我总以为他们年龄小，注意力容易分散，很难持续探索。没想到，一次对悦悦的深入观察，让我对小班幼儿的能力刮目相看。

今天孩子们来到了户外综合区，部分孩子选择了"毛毛虫山洞"的游戏。"毛毛虫山洞"其实是一个直径1米、长2.5米的圆管，上面附有一层草皮。有些幼儿热衷于爬上这个"山洞"，展开双腿跨坐在"山洞"上，双手抓住"毛毛虫"的"触角"来回摆动，就像开车一样。悦悦是个小班小女孩，她盯着爬上去的孩子看了一会儿，找来了一个小板凳准备尝试一下。

首先，她把小板凳放在第二个"山洞"的中间位置，摆好以后，她右脚踩着小板凳，双手平放在"山洞"上，正准备往上爬的时候，脚用力一蹬，把板凳蹬翻了。这次尝试没有成功。

第二次，她重新摆好小板凳，快速地踩到板凳上往上爬，由于自身的重心不稳，板凳又翻倒了，这次连悦悦也一起仰面摔倒在地上。

第三次，只见她摔倒后马上爬起来，再次调整板凳的位置，这次她把板凳放在了一个地面比较平的位置，双手还在板凳两边按了按，确认板凳放置平稳后，又开始往上爬。但因为悦悦的脚踩到板凳的边缘，板凳再次歪倒了。

第四次，悦悦又把板凳翻过来摆放，翻过来后受力面大了一点，这次她踩上去，板凳没有歪倒，但是她的手平放在"山洞"上，没有着力点，爬不上去，还是没有成功。

这时悦悦退到一边，看着小梦小朋友脚踩板凳，手抓住"山洞"上的草皮，左腿跪在"山洞"上，右腿使劲一蹬，爬了上去。她马上转过了身，又来到第一个"山洞"的跟前。

第五次尝试时，第一个"山洞"上面坐着小晗和小优两位小朋友。悦悦这次没有跟之前一样踩板凳，而是站在平地上，双手抓着这两个小朋友的脚腕，想借力往上爬。尝试了一下后，她朝两个小朋友伸出了双手，后面的小优没有看见悦悦伸手的动作，前面的小晗拉了一下也放开了，小晗和小优的目光始终没有停留在悦悦的身上，他们也没有注意到悦悦在空中来回摆动想寻求帮助的小手，这一次悦悦还是没有爬上去。悦悦转过了身，走了几步，嘴巴里还嘟囔着什么，又很快地转过身来，趴在了"山洞"的侧面，脑袋紧贴在"山洞"上。

第六次，悦悦趴在"山洞"上，瞥见在这个"山洞"偏后面的位置也有一个小板凳。她走到板凳前，开始踩着板凳往上爬。她的右脚踩在板凳上，左脚跨了一大步踩到"山洞"上，小手努力地往前扒拉，但因为手还是没有着力点，用不上力，悦悦并没有爬上去。

于是她两只脚调换了位置，左脚踩板凳，右脚跨了一大步踩到"山洞"上再次尝试。在这个过程中，小优跑来想要搬走悦悦脚下踩的板凳，小优一边搬一边拍打着悦悦，让悦悦下来。被搬走板凳后，悦悦看了看小优走的方向，回头跳了跳并尖叫了一声。

第七次，悦悦转了弯，来到了"山洞"后面的洞口位置，她小手往上扒着，踮起双脚，想在这个位置向上爬，但依旧没有成功。

经历了这七次的失败，悦悦暂时放弃了爬"山洞"的游戏。她来到了摆在"山洞"一旁的轮胎架旁，先是整个身体趴在上面，过了几秒钟，她开始踩着轮胎架往前走了几步，又爬上轮胎架一步步往前爬了几格。之后，她又看见了小朋友们摆在旁边的一排轮胎，悦悦走过去开始跳轮胎，跳到第三个轮胎的时候一个重心不稳摔倒在地上，她在地上坐了5秒钟，自己爬了起来，接着又往前走了三个轮胎。然后她又看到了前面有的小朋友坐在轮胎里面，她也跟过去坐了会儿。没多久，她看到了小涵在玩秋千，她就跑过去推着小涵荡秋千。

这时，悦悦突然看到了"山洞"前有其他几个小朋友将两个轮胎摆在一起往上爬。她快步走了过去，也踩上了轮胎，整个上身趴到"山洞"侧面，一只手抓住"毛毛虫"的"触角"，另一只手使劲扒着已经坐在"山洞"上面的小晗的身体，左腿跪在"山洞"上，右脚使劲一蹬。这一次悦悦终于爬上了"山洞"，那一刻她的脸上绽开了开心的笑容。

在游戏中的发现

在这个游戏过程中，悦悦一共失败了七次，但是每一次她都寻找原因，调整方式再次尝试，并没有轻易放弃。

放手游戏之前，我也曾以为小班幼儿的坚持性相对而言比较薄弱，尤其是在遇到困难的时候。我想当然地以为他们会更容易逃避和放弃。但是自从我们尝试"放手"以来，孩子的表现给我们的"想当然"敲响了警钟，提醒我们必须摒弃过去的观点，真正用眼睛、用心去观察、解读他们。我们要始终坚信每个幼儿都有自主学习的能动性和巨大的内在潜能。在这一游戏过程中，悦悦遇到"板凳歪倒""摔倒""板凳被别人搬走"等问题时，总能迅速找到问题所在，

不断调整自己的行为、反复尝试，这就是自主游戏的魅力所在。

在七次失败后，悦悦也暂时选择了其他的游戏，比如爬轮胎架、走轮胎、荡秋千，但停留的时间都没有太长。当她看到有新的办法（踩轮胎爬）出现时，她立马跑回去，再次进行尝试，可以看出悦悦的注意力始终在"爬上去"这件事上。本次观察再次验证了只要孩子感兴趣、想探究，她就会自发自主地去不断尝试。其中悦悦表现出的坚持性以及反复多次地去寻找办法解决问题的意志力让我感到惊喜。作为教师，我们要给予幼儿充分的信任和充足的空间，以满足他们自主游戏的需要。

游戏结束后，悦悦画下了她的游戏故事。

悦悦：我今天玩了这个（用手指着画中的山洞），我踩着这个小板凳往上爬，还踩了轮胎往上爬，我爬上去了。然后我们玩了开火车的游戏，小晗是小司机，我在她后面，我抓着她的衣服。她下车了，我又当了小司机。

对游戏故事的发现

爬上这个 "山洞" 是悦悦非常感兴趣的事情。不管中间遇到了多少困难，经历了多少失败，她都没有放弃。看着其他小朋友都爬上去了，自己一直没有成功的时候，悦悦没有大哭大闹，没有逃避问题，也没有遇见一点困难就跑来向老师或者其他小朋友求助。在悦悦的游戏故事中，她似乎认为自己经历的失败不值一提，让她最开心的事就是爬上了山洞，自己成功了！她还在 "山洞" 上玩起了开火车的游戏。所以说兴趣就是最好的老师，兴趣是推动游戏发展的一种最实际的内部动力。

《3—6岁儿童学习与发展指南》中指出："要充分尊重和保护幼儿的好奇心和学习兴趣，帮助幼儿逐步养成积极主动、认真专注、不怕困难、敢于探究和尝试、乐于想象和创造等良好学习品质。"在真游戏中，幼儿按照自己的意愿，带着自己的问题，在自己的探索中按照自己的方式解决问题并获得发展。本次悦悦的游戏过程，就是一个不断遇见问题、解决问题的过程。例如，调整板凳的位置、翻转板凳、观察其他幼儿、尝试不同的位置等，每一次尝试都是在调动自己的已有经验，发挥自己的能动性和创造性，重组、改造、获得新经验和新发展。在游戏后，我也请悦悦跟其他孩子分享了自己的游戏过程，对悦悦这种不怕困难、敢于探究和尝试的行为表示了真诚的鼓励与赞扬，让孩子们都能感受到来自教师的关爱与支持，也让他们今后更有勇气去尝试和探索新环境、新事物……

我很庆幸自己没有因为看到悦悦离开了山洞去玩别的游戏就放弃了对她的观察。正因这种坚持才让我看到了她即使暂时走开了，也一直保持着对爬上山洞的兴趣，一有新的办法就去尝试。我们总是想当然地给孩子贴上印象中的标签：孩子年龄小，注意力容易分散，很难持续探索。这反而让我们在看到孩子离开游戏场地／转换游戏类型时，想当然地认为他们放弃先前的游戏了，从而得出"幼儿难坚持"的结论。

孩子总是在不断地刷新我对他们的认知。很多时候不是孩子不会玩、玩得不精彩，而是因为我们没有真正地相信孩子，没有耐心地等待，没有仔细地观察。比孩子更容易放弃的，其实是我们。作为教师，我们要充分相信每个幼儿都是积极主动、有能力的学习者，他们既是经验分享的"专家"，也是最有能力的"问题解决者"。同时我们也要不断反思环境的创设与材料的投放是否满足了幼儿当下的游戏需求，在持续观察幼儿游戏的过程中不断完善和优化，保障幼儿有机会进行持续深入的探究。

我也将继续努力，发自内心地相信儿童，最大程度地放手去走进孩子的世界，去发现了不起的孩子，在真游戏探索的道路上，真正做到让游戏点亮儿童的生命。

舞台的诞生

文 / 五峰土家族自治县襄铁幼儿园 卜周芳

　　我班共有七名幼儿参加了宜昌市第三十三届幼儿文艺会演，他们表演的舞蹈《土家俏茶娃》获得了二等奖。会演结束后，孩子们仍久久不能忘怀。于是，一场有趣的舞台探索之旅拉开了帷幕。

一起来跳舞吧

　　"我来演张老师，指挥你们跳舞。"循声望去，我看见甜甜和彤彤正坐在地上商量着。"月月、茉茉快过来跳舞。"听到彤彤呼喊自己的名字，月月和茉茉马上跑了过来。这时甜甜拿了一块圆柱体积木当作小凳子，坐在上面说："快点，表演开始啦！"彤彤三人马上坐在地上，进入状态，"一二三四五六七八，二二三四五六七八……"三人随着甜甜的口号跳起舞来。

搭建表演台

　　在第二次的游戏中，甜甜、彤彤、月月继续表演游戏。这一次孩子们用八块长方体积木围成了一个圈，彤彤说："我们要在中间做一个舞台，这个圈要大一些。"月月马上又找来了几块长方体积木扩大了圈的范围，接着三人找来了一些三角块积木和长方体积木，孩子们把三角块积木一个个整齐地摆在长方体积木的两边。

　　表演台搭完了，孩子们又有了新的想法。"我觉得表演结束后，没有休息的地方。""月月，我们一起去拿一些圆片来做凳子。"彤彤说完朝着圆片积木跑去。两人用圆片积木和圆柱体积木搭了三把凳子，又用两块圆柱体积木做了舞台入口。一个舞台就这样搭建完成啦。

　　舞台搭建完成了，孩子们开始了他们的游戏。甜甜边跑边说："我们一起来玩走秀的游戏。"三个孩子排成整齐的一队。彤彤说："谁来当指挥呢？甜甜你来当。"甜甜面向舞台坐了下来，然后说："预备，开始！"随着甜甜的口令，彤彤迈着优雅的步伐走上了舞台，"一二三，摆造型。""彤彤，你要走到这条线再转身摆造型。"甜甜说，"月月到你了。"月月开心地走上了舞台。

观众的出现

今天，彤彤、月月、甜甜还想玩表演游戏。她们找到一块空地，开始搭建演出的舞台。一旁的茉茉说："我也要表演节目，我来帮你们。"彤彤笑着说："可以，但是今天我们要把舞台搭得更大一些。"说着四人忙碌起来，几个孩子分工明确，不一会儿舞台就搭建完成了。

四个小女孩赶紧站上舞台唱起了歌："红日照在呔，东山上哎……"*唱完一首之后，她们没有继续，而是无精打采地站在舞台上发呆。彤彤对伙伴们说："我们可以去邀请一些人来看我们表演。"于是茉茉站在原地大声喊道："大家快来看表演节目啊。""节目很精彩哟！"彤彤跟着喊道。听到呼唤声，很多小

朋友都跑了过来。

表演的时候，彤彤看到"观众"都站着看节目，便对小伙伴们说道："你们过来看节目，要自己带凳子过来。"听到彤彤的话，小观众们都用积木搭了把凳子，安静地坐着看几个女孩表演。

精彩的表演也吸引了更多观众到来。看完她们的表演，许多小伙伴纷纷表示自己也有节目想要表演，于是大三班的才艺表演正式开始啦！孩子们轮流上台表演，"观众们"则坐在自己搬来的"小凳子"上热情地鼓掌。

我的思考：

在今天的游戏中，孩子们不满足于单纯的自编自演，在搭建好舞台以后，只是唱了一首歌便失去了兴趣，但很快她们便想到了"喊人来观看表演"的方法。舞台下充满观众以后，她们的表演热情又被点燃了，还带动了其他的幼儿一起表演。只要孩子在游戏中依旧有热情、有兴趣继续探索，他们便会主动寻找解决问题的办法，让游戏进行下去。

────────

* 歌曲为新民歌《红日照在东山上》，这首歌是根据五峰土家族句子山歌和长阳土家族花鼓调两首徵调式山歌组合改编填词而成。

儿童发现世界，成人发现儿童。一次文艺会演活动激发了孩子们对舞台和表演的探究欲望。他们在游戏中自主、自发地进行表演，从一开始的重现文艺会演节目，到用积木搭建舞台、观众席，在搭好的舞台上走秀，再到吸引观众到来，幼儿让我认识到了他们真的是天生的游戏者。

孩子们进行着一次又一次的尝试，每一次尝试都是对学习能力和知识储备的挑战。幼儿通过游戏表演了舞台秀、舞蹈、合唱。靠近观察我才发现，他们所唱的歌曲并不源于我们园内设置的音乐课程的内容，而是来自他们生活中经常听到并耳熟能详的歌曲。孩子们在游戏中所表现出来的表演欲望和积极性也远比我们在音乐课程上看到的更强烈。

对小班幼儿也一样大胆放手

文 / 呼伦贝尔市海拉尔区幼儿园 凌德香

不知不觉中一个学期又要过去了，这一学期小班的真游戏实践又一次刷新了我对幼儿和游戏的认知。

放手小试的惊喜

对于我来说，实践真游戏的挑战还是很大的。二十年的幼教生涯让我习惯了"控制"，一下子要我放手，真是不太容易。更何况我这个学期带的还是小班，我心里一点底都没有。但经过一段时间的学习，我看到了幼儿在自主游戏中的专注和喜悦。这又让我心动不已。于是，我决定在小班也来试试。

小班儿童刚入园的时候分离焦虑很严重，每天口中重复说着：找妈妈、要抱抱、想回家、给我妈妈打个电话、让我妈妈第一个接……每天早餐后，我们三位老师帮助孩子穿好衣服并领着孩子到户外做游戏。在游戏中我们都特别紧张，生怕这些孩子有什么闪失。我们不断调整站位，眼睛紧紧盯着孩子……

通过观察，我们惊喜地发现早上哭得最凶的几个孩子在户外游戏的时候都开心得不得了。是游戏分散了孩子们的焦虑，也明显地缩短了孩子们的入园焦虑期，是游戏帮助孩子们适应幼儿园的新环境、新伙伴、新老师，让孩子们爱上了幼儿园。

例如每天早上哭得最凶的小禹，妈妈抱着他来到幼儿园，老师从家长手里接过孩子，即使把他抱在怀里，他也依然在哭，怎么哄都哄不好。刚开始来到户外的时候，他只是拉着老师的手，什么都不玩，站在那里观察小朋友，渐渐地，他停止了哭泣，于是我们慢慢地松开他的手，站得离他远一点，但仍然偷偷地观察他。只见他跟在小熙的后面绕着沙地跑了起来，然后两人一起把沙子装进沙盘，再举过头顶倒下来，沙子撒到帽子上、衣服上。他们笑着说这是在洗澡，还吸引了一些小朋友加入他们的游戏。小禹开心的样子简直和早上入园时判若两人。

源源不断的发现

　　尝到放手游戏的甜头后，接下来的每一次户外自主游戏，我都认真观察着孩子们的游戏。因此，我也有了更多新的发现。

　　我发现，可为动作敏捷。他能够从离地面很高的地板上勇敢地跳到沙地里。他还和女孩们玩得特别好，每次游戏时，一涵、大纯、涵涵、吉雅、呼宝都围着他。我还发现他在玩沙游戏中特别专注，即使有小朋友叫他去别的地方玩，他也不为之所动。

　　我发现，小月月性格特别好，小朋友都爱和她玩。每次当她爬上绳梯以后，都会在绳梯最上面主动伸出小手去帮助正在爬绳梯的小朋友，嘴里还不停地鼓励同伴："别怕，我来保护你！"

　　我发现，言言和二宝是好朋友，每次游戏都在一起。他们一起坐在木屋下面，手里拿着小木棍在沙地上画画。言言也会调皮地抢过二宝头上的帽子，二宝追不上他，气得二宝直哭。但这一点都不影响他们的友谊，下次游戏的时候他们还会像什么都没发生一样，继续在一起玩。

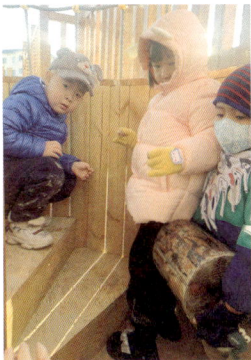

我发现，小涵小朋友有次从木质地板上跳下来的时候碰到了头，自己默默地流眼泪。我走到她跟前问："没事吧？"她回答我："我可勇敢了。"就又跑开去玩了。这句话由小小的她说出来，我觉得真了不起。

我发现，小满小朋友每次都能在自己创设的情境里游戏。尼尼和贝壳是她的小跟班，她还特别愿意当"妈妈"，总是能够吸引几个小朋友加入她的游戏，简直就是社交小达人……通过不断地放手和观察，我真的发现了不一样的儿童。

十一月下旬天气越来越冷，孩子们在室内的时间更多，在班级室内游戏的时候，我们也努力做到放手。

我发现小然小朋友最开始玩搭建游戏的时候只拿两块积木，而且每次拿到积木以后就看着周围的小朋友玩。但一段时间的游戏之后，我们发现小然取的积木越来越多，而且在搭建过程中他通过观察同伴，初步有了自己的想法，经过多次实践，自然习得了"顺接"的搭建方法。

我还发现小然旁边的小泽小朋友在之前每次游戏中都在边上不参与，但当他想参与的时候，他会友好地提出要和小然一起玩。而小然虽然和他没有语言上的交流，但我看到他会递玩具给小泽，这说明小然也是愿意和他一起玩的。孩子有他们自己的相处方式。

积木区的小金小朋友把木质积木搭得高高的，马上就要倒了。他的旁边还有好几个孩子，我的心一下子提到了嗓子眼，生怕积木倒下来砸到小朋友。

若是放在过去，我一定会请小朋友躲远一点或是把高处的积木拿下来，第一时间帮孩子把问题"扼杀"在摇篮里。而这一次，我选择了调整站位。我也想看看，孩子遇到这种情况时会怎么做。

只见小金转了个身，用自己的小身体挡住了倒下的积木，紧张地看向了我。目睹了这一切的我，立刻领会到了他的用意。我笑着伸出大拇指为他点赞，并对他说："你是了不起的男子汉！保护了同伴！"

原来，这就是"闭上嘴巴管住手，睁大眼睛竖起耳"真正的价值所在。等一等，以好奇、接纳的态度观察儿童，我们才能看见孩子们的了不起。

游戏精神的延续

自主游戏中的放手让我们看到了一个又一个了不起的幼儿。渐渐地，我们也愿意在生活中放手了。以前，每次户外游戏回来后，都是我们三个教师帮忙脱游戏服。因为我们总觉得他们不会脱，脱不好又耽误时间。现在，我们决定让孩子们自己动手。慢就慢一点吧！

刚开始自主脱衣的场面，那叫一个"兵荒马乱"啊。孩子们把脱下来的衣服扔得到处都是。老师耳边的求助声此起彼伏："老师，帮我脱衣服！""老师，我不会脱裤子！""老师，我的鞋子丢了一只！"……三个老师逐一指导，忙得满头大汗。

为了更从容地退后，我们把孩子们自己穿脱衣的过程拍摄了下来，肯定每一个愿意自己尝试的幼儿，和幼儿一起讨论解决的办法，鼓励幼儿多试试，实在不会再向老师求助。经过每天的动手练习，持续的分享交流，幼儿的自理能力显著提高。他们不仅能做到预期的自主脱衣，叠衣服的兴趣更是被激发了出来。如今，老师的提醒和帮助越来越少，小椅子上整整齐齐的小衣服却越来越多了。

一年的真游戏实践让我深深明白，儿童是值得相信的、有巨大潜能的、主动的学习者！起初我以为在小班就开始放手游戏，难度会非常大，但是当我尝试之后我才发现，正是我对小班孩子的不相信、不放手，才让他们失去了在真实的体验中自我发展的机会。孩子们在自主游戏和一日生活中获得了令人惊喜的成长。看到他们这一学期的变化和进步，我比得到任何一项荣誉都骄傲！

从想放不敢放到保持敏锐、及时靠近

文 / 安吉县儿童村儿童发展研究中心 方文文

　　作为一名新手教师，实践真游戏的时候，我首先担忧的是我放手以后，孩子们的安全怎么保证？他们真的能保护好自己吗？

焦虑
——想放不敢放

我以为我理解放手的含义，我以为我可以做到"闭住嘴、管住手"，但是真的站到游戏场地上后，我发现我极度焦虑。

有一次在综合区观察孩子们游戏时，我看到我们班的四个女孩子首先将两个 1.2 米高的人字梯撑开，然后搬来一块长木板架到人字梯上，形成一座"独木桥"，接着把两块木板横着平行放在这块长木板上。

第一个女孩子将两只手撑在木板上，手脚并用，慢慢地爬到对面的人字梯上。第二个女孩子面带微笑地坐在人字梯上，准备着将脚跨过来踩在木板上。这个时候，两块横着架设的木板晃动起来。这样的场景让我一下子慌了，我想这一定会出安全事故的。我的第一反应就是赶紧上前扶住木板，腾出一只手拉住孩子。

第一个女孩过去后，我又走回去扶第二个女孩，这时她脸上的笑容消失了。我拉着她的手一步一步往前走，她就跟着一步一步往前动，到达对面的人字梯之后，她就跳下来跑开了。在游戏后，我也不停地跟孩子强调一定要注意安全，一定要把木板架设得稳稳当当，两边都要有支撑。

那时我以为这就是为了孩子好。

反思
——回看视频后的惊喜

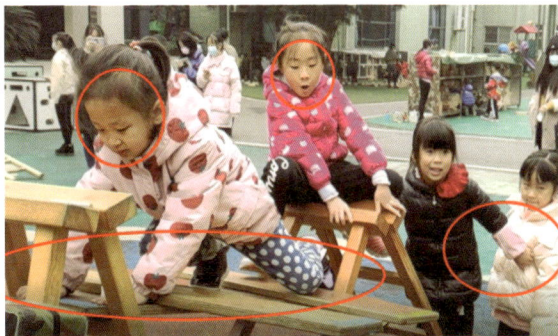

在我的"要求"下，孩子们搭建出来的"闯关游戏"都有着非常稳定的结构，这让我的焦虑适当减轻了。但是当我看到场地上孩子们搭建得几乎一模一样的作品时，我后悔了——所谓的保证孩子们的安全就是告诉他们要把木板的两边都架设在木梯上吗？就是把我认为的任何潜在危险因素都排除吗？孩子们发展自我保护意识和能力的机会又从哪里来？

不断追问自己后，我才发现这些我灌输给孩子们的搭建方法、安全提示只能让他们在这个区域玩这一游戏时获得短暂的安全，但却失去了在冒险中通过判断环境材料、控制身体、避开障碍等方式获得自我保护经验的机会。

于是我重新将这段游戏视频回看了一遍。

我发现了孩子爬过这个不稳定结构时紧紧抓住的那块木板是有两架梯子作为支撑的，她落脚的木

板也正是这块长木板。那两块横放的木板并不是"危险物"，而是她们在挑战时设置的一个关卡。她们在挑战过程中是有自我保护的意识和能力的，知道脚和手不能放在不稳定的木板上，而是要抓住、踩住稳定的木板主体。

我还发现了孩子们极其专注的表情，她们有的低头看自己的脚，有的惊叹。她们在游戏中时时刻刻关注着自己的状态，或许她们正在思考怎么在保证自己安全的前提下爬过去。

我还发现了后面排队的孩子有拉住身后的孩子后退的动作，不仅遵守了一个一个排队的秩序，还将不稳定木板两侧的人清空了。

原来，我当时的介入对孩子而言是阻碍了她们的冒险和自我挑战，打扰了她们游戏时的专注和投入。

信任
——放手与敏锐

当我看到孩子令人惊喜的能力后，我才明白作为一名教师，我们要做的不是"为他们做什么"，也不是找到什么"方法"教给他们，而是不要打扰他们游戏，尊重他们的游戏挑战。但同时也需要保持敏锐，以最大程度的放手、最小程度的介入支持他们最大限度地获得自主评估风险以保护自己的机会。

有一次游戏时，两个女孩将垫子立在人字梯两侧，再搬来一块垫子靠放在人字梯上，把立起来的垫子往中间推了一下，然后将一块木板架设在两块

立起来的垫子上。一个女孩从人字梯上跨过来踩住木板，手反握住身后人字梯的一只脚，慢慢蹲下来，先踩住的脚也一并放下去，另一只脚则踩住木板。她花了一分钟左右才完成腿悬空坐在木板上的动作。后面的女孩子双腿跪在人字梯顶部，两只手分别握住人字梯两侧，并观察着前面女孩的动作。坐在木板上的女孩低头看了垫子两次后，双手放开，屁股往前一挪，背靠着地垫滑了下去。

虽然这次我依旧很担忧、很焦虑，我担心这个立着的垫子不稳当，会往两侧倒下，导致孩子从木板上掉下来，但是我没有直接介入，而是一只手握住手机继续拍摄，另一只手放在身前，从站在她们滑下来的位置移动到立着的垫子旁边，方便我在垫子倒塌时能够及时抱住她们。

直到游戏结束，孩子们也没有发生什么危险，反而在这个过程中展现给我很多他们保护自己的方法，比如先坐上木板再滑下去，比如坐稳后再松开握住梯子的手……

放手不等于放任孩子游戏，而是还给孩子最大限度地评估安全、获得自我保护意识发展的机会。这个过程对孩子来说是挑战，对我们教师来说也是。我们要在实践中不断修炼，在持续地观察和发现儿童的过程中坚定自己对儿童的信心。在游戏场上，我们也要保持高度的敏锐，时刻关注游戏场上的情况，在孩子有危险的可能时及时调整站位、迅速靠近，并密切关注孩子的后续行为，确认没有危险后再退后，从而最大限度地支持孩子的冒险与挑战。

是游戏，/还是破坏？

文 / 呼伦贝尔市新巴尔虎右旗第一幼儿园 塔娜

　　小班幼儿刚刚入园的时候，总有几个孩子不能很好地适应幼儿园的生活，例如我们班的小白小朋友。他平时在游戏中从来不参与，只是跟在老师后面哭，这让我们很无奈。可最近几天，我却发现小白稍微有点改变了，这也再次刷新了我对幼儿的认识。

纠结：
是游戏，还是破坏？

今天，我们班在积木区游戏，孩子们每人都拿起积木搭建自己的作品，唯独小白小朋友哭哭啼啼地走来走去。刚开始的时候，小白一直站在我身边哭，我怎么哄他也不听，让他去跟其他小朋友做游戏，他也不去。我有点不耐烦了，但我忍着没有再继续劝说。

不一会儿，他终于不哭了，跑到木木的旁边看他搭的积木，站在那里看了好一会儿，摆摆小脑袋纳闷地问："这是什么呀？"木木没有回答，而是笑着告诉我："老师看，是蒙古包。"小白站在旁边看了看他搭的蒙古包，一脚把它踢倒了。一旁观察的我内心很是纠结：一方面，比起一开始只是站在一旁看小朋友游戏，小白现在起码能和别人有一些交流和互动了；另一方面，他的互动方式是踢别人的作品，我要不要制止呢？最终我还是决定，再观察一会儿，看看会发生什么。

木木生气地喊了几声，又继续搭他的蒙古包。搭完以后，木木也把自己搭的蒙古包踢倒了，接着又重新搭起来，小白只是站在旁边安静地看着。

不一会儿，小白又来到阿泽旁边看了看他搭的积木，直接过去踢了一脚。阿泽表示很不满，但他很快又用一小会儿工夫搭起一个作品，朝我喊："老师，看！"他这一喊吸引了小白的注意力，小白又一次对阿泽搭建好的作品踢了一脚，就这样连续进行了好几次：阿泽一搭好，小白就把他的作品踢倒。当时我很想过去制止，可我又想到老师要闭住嘴、管住手，于是我决定再看看。我纳闷地问："小白，你为什么总是破坏别人的作品呢？"这时，小白说："老师，他们的不好玩。"我说："那你自己搭建一个作品吧！"他说："我不玩。"我只好继续观察他们游戏。

困惑：
破坏也是有选择的

小白又开始四处看别人搭建的积木作品，他跑到其其的旁边问："这是什么？"其其回答："墙，不要动。"小白就站在一边看其其把搬来的长方形积木放在搭建的积木上，他继续问："这是滑滑梯吗？"其其说："这是滑滑梯。"于是小白蹲下来观察了一下，又回去踢了一脚阿泽搭建的积木，然后指了指其其那边刚刚搭好的墙说："你给我搭一个那样的墙。你会

吗？你会不会？"阿泽回答说："不会。"小白蹲在那里说："我会。"然后，他走到其其小朋友跟前看看，不说话也没踢他的"墙"。

我有点困惑，为什么小白没有踢其其搭建好的积木？我起初以为他只是想破坏别人的积木作品，或者是喜欢踢，现在看来并非如此。于是我继续观察。

意外：
破坏并不影响幼儿的交往

小白又跑回到阿泽旁边不停地问："你这个是什么？你做的是什么？"阿泽不回应，继续自己的游戏。小白见阿泽不回答自己，狠狠地给了积木一脚就走了。阿泽喊道："老师看，他给我踢坏了。"不一会儿，小白又跑回来，执着地问个不停。阿泽将一个小圆柱

体积木放在搭好的长方体积木上让它滚了下来。小白拿起长方体积木说："这儿还有滑梯。"他边说边搭建，这时阿泽拿来一个长方体积木放在中间说："这儿还有个滑梯。"两个孩子就这样自然地一起搭建了起来，小白也没有再继续踢阿泽的积木。

看到这一幕，我有些触动。我原本在想，阿泽会不会因为小白一直破坏他的作品而生气、对他有意见、不愿意和他一起玩？我该不该劝说阿泽和小白一起玩呢？结果是出乎我意料的，即使小白多次破坏了阿泽的积木作品，两个孩子之间也没有产生隔阂。他们在整个游戏过程中没有出现争吵，而是默契配合、合作搭建，让我既惊喜又欣慰。

反思：
我的退后，他的发展

游戏结束后，我们进行了游戏故事分享。在小白分享的时候，我问他："你为什么总是搞破坏呢？"他回答说："他们搭的积木不好看，不如其其的，我也想搭一个那样的'墙'。"他这样的回答是我没想到的。

这也让我开始反思自己。在游戏中，我有无数次想要介入。例如在小白哭泣的时候我想让他过去游戏，在他搞破坏的时候我想阻止，在木木、阿泽等人喊我的时候，我想帮忙去解决他们之间的矛盾、冲突。如果我介入了，那我就是从成人的角度去解决问题，而不是站在幼儿的角度。

事实证明，我不急于介入是正确的。我的退后和等待，让小白有了自主观察同伴的游戏、迈出脚步与同伴进行互动和交流的机会，让他能够主动融入同伴的游戏，主动习得与人交往的方式。其实，老师的等待并不是"无所作为"，而是一种观察、解读、识别幼儿的游戏的行为。

我们要学会提醒自己再等等，看看幼儿接下来会做出哪些行为。我们走进幼儿的内心世界，了解他们的兴趣、特点和需要，从幼儿的视角去理解他们之间的认知冲突并给予实际的支持，给时间让幼儿寻求解决问题的方法，让幼儿不断尝试，相信幼儿会创造出更多的惊喜。

这样的室内环境，孩子才能放开玩

文 / 长阳土家族自治县都镇湾镇中心幼儿园 杨红梅、胡学时

开始实践真游戏以后，教师的放手让幼儿在游戏中能够按照自己意愿选择和谁玩、玩什么、怎么玩，我们逐渐看到了游戏中了不起的儿童。我们开始反思，室内是否也为幼儿创设了与其发展相适应的游戏环境，是否满足了他们自主游戏的机会和条件呢？基于这样的思考，我们开启了室内环境的改造。

原有的室内布局看似整洁美观，但缺乏实用性。例如，不通透的柜子遮挡了墙面，公共区域被闲置，而且孩子们只能从一边取放材料，造成场面混乱而拥挤的情况，孩子们的需求得不到及时满足。

材料看似琳琅满目，但大多数材料指向性强，缺乏组合性和挑战性，因此玩法较为单一、局限，孩子们的游戏兴趣也不高。不合理的材料分类方式也限制了幼儿游戏的多种可能性。

原来的时间安排过于高控和碎片化，幼儿缺乏室内游戏的时间和机会，一日生活的多个环节甚至出现了消极等待的现象。

改造室内环境并不是生搬硬套，需要我们充分考虑幼儿的年龄特征、兴趣需要等，尊重幼儿，在与幼儿一次次的对话、讨论中，了解他们的需要并逐一进行调整。

1. 改造环境，让幼儿有空间玩

● **第一步**：我们将原来靠墙的柜子全部挪到教室中间的位置，打破了传统围合或半围合的区域布局，在摆放时也扩大了各个材料柜之间、材料柜与墙面之间的间距，尽量保证室内空间的通透和幼儿活动的无障碍，给幼儿提供更多游戏的空间。同时也把更多的墙面空间留给了幼儿，由幼儿自己做主，将自己的作品和记录展示到墙上，方便幼儿阅读、观察和反思。

改造前

改造后

● **第二步**：我们将原来有背板的柜子大变身，变成正反通透的柜子。之前的柜子只能支持单向取材，一是背板遮挡了部分材料，幼儿不能全方位看见；二是幼儿取放材料受到空间限制，极为不便，导致了很多拥堵甚至争抢的现象。

　　材料柜变身之后，幼儿在各个角度都能看见材料的陈列，无论位于哪个空间，都能快速找到自己想要的材料，避免了幼儿在取放材料时的消极等待。

改造前

改造后

● **第三步**：合理利用走廊、睡房、楼梯转角的空间，将幼儿的室内游戏空间进行延伸，让更多看起来无用的空间得到了充分的利用，也让幼儿有了更多游戏的空间。

　　之前用于幼儿自主游戏的室内场地有限，幼儿桌椅、教师办公区、材料柜等占据了大部分空间，影响了幼儿的自主游戏。而教师与幼儿一对一倾听时，倾听环境嘈杂，教师苦恼于听不清幼儿的表述，记录游戏故事时不是很顺畅。

　　现在我们把空间向外延伸，将一部分材料柜移动到廊道闲置处，充分利用走廊环境，打造幼儿喜欢的活动场所。这样一来，幼儿可活动的空间变得更大、更宽敞了，一对一倾听的环境也更好了。

改造前

改造后

2. 整理材料，让幼儿有材料玩

- **第一步：** 在选择材料初期，我们对园内的材料进行品种及数量的资源整合。首先是班级内部整合，其次是全园集中整合，去除不符合、不适用、关联性小、可组合性低的材料。

班级整合 →

全园整合 →

- **第二步：** 我们观察了幼儿对材料的需求，增添了部分低结构材料，对材料的数量进行了补充，保证材料种类丰富、数量充足。

对新添置的材料进行整理分配

- **第三步：** 我们在投放材料时摒弃了之前对材料玩法和功能的分类设定，而是以材料的特征将其分为积木类、自然类、图书类、工具类等。材料使用功能不限定，打破了材料的固定玩法，为幼儿创造性地使用材料提供了支持。在陈列材料时也遵循"看得见、拿得到、放得回"的原则，张贴醒目的收纳标识，便于幼儿取放游戏材料。

材料按特征分类摆放

改造前 →

改造后 →

3. 调整作息，让幼儿有时间玩

　　碎片化的时间安排，往往束缚了幼儿的活动选择。我们在时间上也进行了调整，解除原来高控的早锻炼活动，让幼儿有充足的时间自主选择来园后的活动，比如天气观察、植物观察、绘本阅读等。同时我们将早餐时间提前，幼儿入园后直接进餐，将碎片化时间整合成大区间的时间模块，让孩子有充足的时间去游戏，去观察，去发现。常规的喝水、如厕融合在游戏和各个活动之中，同时也培养了他们的自理能力。

　　在一次次的实践、反思、再实践中，教师一次次成长。大家再也不惧怕日常研修无主题可谈，无话题可说。遇到的问题，我们会及时罗列出来，通过线下研讨会的方式，同伴纷纷支招互助，集思广益。我们始终坚持"幼儿的游戏机会最大化"原则，结合班级情况对症下药，一个个困惑在不断尝试中得到了解决。

　　经过我们不断的放手与调整，室内环境的空间布局更合理、材料投放更科学了，幼儿游戏的自主性得到了更大的支持。室内的任何角落都是幼儿的游戏空

间，由幼儿自主决定游戏区域、材料、内容和形式。我们对孩子在游戏与生活中的学习发现越多、认识越深，我们越认识到自己已有的知识与幼儿潜能之间仍有很大差距，未来我们将继续在实践中不断反思、调整，为幼儿的自主游戏提供更多的支持。

踢雪，意趣无穷

文 / 呼伦贝尔市鄂伦春旗宜里民族中心幼儿园 刘艳欣

　　松松正在雪地上寻找着什么。只见他从雪里陆续捡起了松果、树枝、小石头和落叶。不过很快，他不再用手了。当他走到积雪较厚的地方时，他抬起右脚用力地向前蹚，就像用铲子铲雪那样，紧紧地贴着地面往前踢。表面较为松软的雪随着松松踢的力度，一下高、一下低地往外飞溅。一个又一个凸起的小雪块，仿佛拥有巨大吸引力。在很长一段时间里，松松都没有再捡起任何东西，而是沉浸在踢飞白雪的世界里。没想到，简单的踢雪也能充满乐趣。细细品味，颇有"沉醉不知归路"的意境。

孩子玩颜料总是弄得一团乱……

文 / 湖州 果酱妈妈

孩子把颜料弄得到处都是：
沾了颜料的手这里碰碰、那里摸摸，
玩颜料的桌子更是"惨不忍睹"，
不小心踩到地板上的颜料"跑"得到处都是，
……
如果我们主动给孩子提供一个不怕弄脏的地方自由探索颜料呢？
看看孩子会怎么玩！

容易清洗的浴室，玩颜料更方便

　　家里的浴室方便清理，是玩颜料最不怕弄脏的地方，又有孩子喜欢的水可以使用。如果我们为孩子提供一些可水洗的手指画颜料，再补充小水桶、海绵等材料……

　　看！他积极调动感官，用手甚至是用脚直接感受颜料的质地，又把沾着颜料的手放在全是水的地面上抹一抹，再用脚踩一踩。颜料在水的稀释下又有了不同的深浅。接着，他用海绵和手在浴室的墙面上涂抹起来，墙上的颜料缓慢流下来，形成一条条长长的线。

　　如果我们理解孩子认识颜料的需要，在家里为孩子提供一个不怕弄脏、能够自由探索的场地，我们便能发现：在一个能充分与材料互动的环境中，孩子探索颜料的方式远比我们想象得多，并且能够更快地建立起对颜料的质感、颜色的认知和经验。

开阔的户外，玩水玩色更自由

户外有着更大的工具、更广阔的空间、更充足的光线，比在浴室玩更为畅快。提前给孩子穿好倒背衣、雨靴防止弄脏弄湿，一面墙、一根水管、一盒颜料，他就可以玩上很久。

看！他用爷爷奶奶写大字的毛笔蘸取颜料点在地上，再用水管冲刷毛笔，发现毛笔上的颜色在水流的冲击下逐渐变淡。而随着水流的冲刷，地上的颜色堆积得越来越多，范围也越来越大。接着他用脚踩水，观察水花和颜色逐渐融合的过程。

当我们主动带孩子去户外，允许孩子在一个自由、开阔的环境中充分探索颜料和水时，我们便能发现：孩子通过水冲击颜料，了解不同颜色之间的融合变化；又借助颜料的色彩看见水的细节，例如水的流动转化为地面颜色的延伸，水的冲击转化为颜色的去留，水花的翻转转化为颜色的深浅变化……

家长总是因为担心弄脏而限制孩子玩颜料，例如只允许他们在一块小小的地方玩颜料，或是随时用"不许"阻止他们探索颜料与其他事物的关系。对幼小的孩子来说，用肢体去接触、感受新事物是他们认识世界的方式，看起来脏兮兮的脸和手的背后都是孩子们天马行空的想象和创造。

不妨试着理解他们的好奇心，为他们准备一个不怕弄脏或容易清洗的环境，准备好倒背衣、雨靴等防护用具，也可以备好换洗衣物，更好地支持孩子用自己的方式自由地认识、熟悉新事物。在孩子尽情游戏时，我们也要在一旁保持关注，例如观察孩子是否会滑倒、提前拿走容易磕碰的尖锐物品等。

下一次，请允许他们在合适的环境中自由探索颜料吧！

孩子在冒险，你总是因为担心而出声：

"小心那儿危险，别去！"

"慢点儿！小心磕着！"

"这么高！快下来！"

......

很多时候，孩子的游戏就被我们这样的"提醒"给打断了。

如果给孩子冒险的机会，会发生什么呢？

你对孩子过度保护了吗？

文 / 杭州 小麦妈妈、无锡 泽楚妈妈

倒着爬多危险！

11 个月大的小女孩想要倒着爬滑梯，对这么小的孩子来说太危险，也太难了吧！

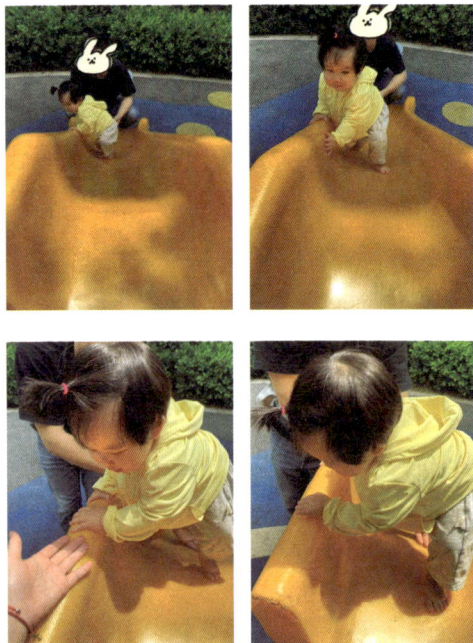

看！ 她双手紧紧抓着滑梯的扶手，手脚一起用力往上爬，脚下打滑时也会用手发力保持平衡，稳住身体后继续前进。其间，爸爸一直在密切关注孩子的行为，当她爬到滑梯的中上段时，他起身靠近，守在一旁观察，同时将手放在孩子脚下，防止她摔下滑梯。快到终点时，妈妈向她伸出了手，但她依旧选择依靠自己的力量爬到了滑梯的顶端。

当我们给低年龄的孩子多一点信任、多一点挑战自我的机会，我们便能发现：即使是一岁不到的孩子，也有冒险和挑战自我的需要，他们比成人更知道"自己可以"。

速度太快了！

小男孩将一个玩具木马推上了小山坡的坡顶，接着调转马头准备滑下来。山坡这么高，速度这么快，万一摔倒了怎么办？

看！ 他调转好方向后坐上小木马，双脚蹬地从山坡上冲了下来，尖叫着享受重力加速度带来的刺激，丝毫不觉得害怕。下坡后，他双脚快速点地进行缓冲，稳稳地停在爷爷身前。

当我们愿意满足孩子对冒险和挑战的需求，给予他机会去探索并突破自己的能力极限时，我们便能发现：他在每一次的冒险中积累自我保护的意识和经验，逐渐学会如何规避风险，变得越来越勇敢、自信。

好怕踩空卡住啊！

小女孩在小区里玩攀爬网，攀爬网的缝隙都很大，万一踩空卡住了怎么办？

看！ 她走在攀爬网的边缘，用两只手一起牢牢抓着旁边的绳索保持平衡，迈步时眼睛紧紧盯着脚下，先是迈出左脚，踩在受力面积最大的绳结上，再把右脚收上来，站稳以后再接着迈出左脚，就这样一小步、一小步地踩着绳结前进。成功抵达终点以后，她一边滑下滑梯，一边笑着回头看了一眼刚刚"征服"的攀爬网，脸上满满都是成就感。

当我们再退后一点，观察孩子是如何面对游戏中可能存在的风险时，我们便能发现：孩子自己有着对环境、材料、自身能力的判断，她在挑战自我时也会一小步、一小步地慢慢前进，谨慎且小心翼翼地确认自己能否做到。

孩子是天生的冒险家，他们天生渴望寻求挑战和冒险，也天生具有保护自己的能力。如果我们总是担心这个、害怕那个，不让孩子摸、不让孩子玩，那他们的经验和能力又该如何发展呢？

正是在一次又一次的冒险和实际体验中，孩子越来越了解自己的能力极限——我能做什么，不能做什么，逐渐学会了掌控身体、观察和识别危险，其规避风险、自我保护的意识和能力也会发展得越来越好。

在给予孩子充分的机会挑战自己时，我们也要保证孩子处于一个适宜且受到监护的环境中。当他们在游戏中表现出挑战行为时，成人应集中注意，靠近孩子密切观察，在必要时及时提供支持和保护。

再多给孩子一点信心，允许他们冒险吧！

ISBN 978-7-5760-4458-4

定价：78.00元（全3册）

看见孩子即看见未来

华东师范大学教授　华爱华

在人工智能迅猛发展的大背景下，基础教育界正聚焦"学校应如何创新变革，以应对快速到来且日益不确定的未来"这一话题展开热烈讨论。让人引以为豪的是，在 2022 年世界经济论坛（World Economic Forum）发布的《未来学校：为第四次工业革命定义新的教育模式》的报告中，中国唯一入选的教育模式就是以游戏为基本活动的幼儿园教育模式，而这也是报告中唯一入选的学前教育模式。可见，基于游戏的幼儿园教育具有面向未来的意义已成为共识。正是因为游戏具有不确定性的特征，才决定了幼儿学习的主动性和教学的生成性，从而激发人的灵活性、变通性和创造性。这些品质正具有对不确定的未来的最大适应性。

在游戏中，幼儿的学习与发展无时无处不在自然地发生着。因此，学会在游戏中发现幼儿的学习、在游戏中理解幼儿的发展，也成为成就教师专业发展的重要途径。近年来，凡是真正做到放手游戏的幼儿园，师幼共同成长的事实有目共睹：首先是幼儿在游戏中的发展直接可见，且发展水平令人震撼，甚至大大突破教师预设的天花板；其次是游戏带给教师前所未有的专业自信和职业幸福，让教师从心底相信儿童、敬佩儿童，确立起理解儿童、支持儿童的专业形象。

但我想指出的是，游戏促进幼儿发展是必然的，然则教师是否随之发展并不绝对。教师对待游戏的态度决定其发展成就。如果教师认定幼儿的游戏只是低水平的瞎玩，或者认为幼儿在游戏中是不会自然发生学习的，那么就会居高临下地对待游戏。在这样的视角下，幼儿常常是"这也不行、那也不会"。因此教师总是迫切地想对幼儿的游戏行为指手画脚，但给出的所谓支架往往是为幼儿的发展潜能设限，自己也无法从幼儿的游戏中得到专业突破。如果教师认定幼儿在游戏中有学习的内生力，认定即使教师不在面前，幼儿也会在游戏中自然习得经验、获得发展，那么他们就能俯下身来向游戏中的幼儿学习，去欣赏和研究幼儿的游戏行为。这样的教师不会急于介入幼儿游戏，而是通过对游戏的观察和倾听，反思自己的行为。他们眼睛里看到的往往都是幼儿在"既能也会"的基础上的发展可能性，思考的往往是"怎样的支架才能支持幼儿主动学习"。这样的教师将会伴随幼儿的游戏不断成长。

我很欣喜地看到《看见孩子》正在构建这样俯身向幼儿学习的平台。在这里，研究者和实践者作为一个共同体，一起研讨儿童的学习与发展，交流教师的反思与实践，呈现受益于游戏的师幼共同成长，共同探索面向未来、可持续发展的教育生态。

目录

■

放手游戏，
读懂幼儿游戏背后的复杂思维

文 / 安吉县儿童村儿童发展研究中心 蒋雯娟

我们都知道婴幼儿的早期学习以直接经验为基础，他们通过直接感知、实际操作和亲身体验，不断认识和理解周围世界。然而，回到幼儿的日常生活和游戏现场，我们看见了幼儿的行为，却往往看不懂这些行为的意义。我们不禁会问：这真的是学习吗？他们在感知体验什么？我们该如何理解继而支持他们的学习？卡西·纳特布朗（Cathy Nutbrown）的《读懂幼儿的思维：幼儿的学习及幼儿教育的作用》或许能够带给我们一些启发。

幼儿的每个行为都有意义

成人常常发现幼儿有惊人的执着精神。在相当长的一段时间里，他们酷爱重复着相似的活动：一次次地把玩具扔出去又捡回来，不听劝阻地从高处抛物，要求妈妈反复讲同一个绘本故事，着迷地凝视着水中的小鱼……幼儿究竟是让人恼火的、无聊重复的"工具人"，还是强大的、有恒心的学习者呢？图式理论认为，儿童的思维有自己内在的发展模式。当孩子着迷一样重复做一些事情的时候，往往就是图式在发挥作用，这些行为促进了他们最初的学习。

● 重复行为背后的认知图式

当幼儿连续 1 个月在沙池中不断地把沙子舀到各种容器中，压实、倒掉时，他在探究什么？图式理论认为，幼儿反复把沙子装进铁碗、小桶、沙堡等容器再倒出的过程里，他在不断体验填满、倒出的感觉，借助不同容积的容器感知容纳的概念。这是"覆盖—容纳"图式的典型表现。当幼儿关注一切与转圈有关的内容，如转动的车轮、旋转的机器、滚动的球、运转的行星时，图式理论认为，这是幼儿在发展"旋转图式"，想理解物体为什么会旋转。当幼儿在一列长长的由各种高度的梯子组成的挑战道上反复地爬上钻下时，他在探究什么？图式理论认为，此时幼儿在"动态垂直"图式中，沉浸在上下运动带来的空间与视觉变化与发现中。

● 不连贯行为背后的认知图式

那些看似并不连贯的活动之间也存在类似的规律吗？《读懂幼儿的思维：幼儿的学习及幼儿教育的作用》中记录了一个有趣的案例：一个 3 岁幼儿不停地改变活动，换了一个又一个。最初在沙坑里挖洞，然后用黏土做杯子，又藏在树下捉迷藏，最后他在大纸上画了两个椭圆，每个椭圆中心做了标记。他说那是"关在笼子里的老鼠"。图式理论认为，在这段看似不连续的活动中，一个洞（在沙坑里挖的）、一个容器（用黏土做的）、藏在一个封

闭的空间里（树），以及两只被关起来的老鼠（画），它们的出现并非偶然，而是与幼儿认识世界的方式有关，此时他正好奇并研究"封闭和包围"图式。诸如此类，这些看似"无聊""毫无联系"的行动，反映了幼儿的认知兴趣，体现着幼儿理解周围世界的努力。

值得注意的是，图式"仅仅是理解幼儿学习的一种途径，它不能代替其他学习理论"[1]。比起有限的图式模型（如动态垂直、来回、旋转、上下、容纳、穿过等），尊重并充分认识幼儿的思维是有价值的、珍贵的，每一个幼儿都是有能力的思考者和学习者，这或许是图式理论带给我们的更重要的启示。

在这一积极立场下，我们的视线才会追随幼儿的行动，"关注幼儿在做什么而不是他们不能做什么"，进入儿童的体验层面，发现幼儿行为背后的思维方式、情感需求以及深层原因，支持幼儿学习的延续。

放手游戏，看见幼儿的复杂思维

● 是洗手，也是有趣的实验

生活中，饭前洗手是一件再简单不过的事。可是当主角换成孩子时，事情似乎变得复杂了起来。孩子一遍遍洗手，反复挤泡泡、揉搓、冲水，眼看着衣服弄湿、水池快满了也无动于衷。通常情况下，家长的心理活动多半是：（1）这孩子就爱玩水！一遇上水就离不开。下次可不能留他一人洗手，必须限制时间。（2）洗个手都磨磨蹭蹭，这个习惯不能要！必须好好教育。（3）衣服弄湿感冒了怎么办？说多少次了就是不听话……

孩子真的在刻意磨蹭、浪费时间和水资源吗？他们为什么愿意在这个环节如此专注？究竟是什么吸引着他们？哪怕家长耳提面命、再三提醒也不放弃呢？关注幼儿在做什么，而不是不能做什么，调整心态，深入观察孩子的行为，我们一定会找到答案。

孩子搓完泡泡，仔细观察掌心大大小小的泡泡；冲水后，又盯着池水里漂浮的泡泡。有时他把水龙头开大，一部分泡泡会被冲走，另一部分泡泡会直接消失；有时他把水龙头开小，流进水池的泡泡竟然会合并得更大；有时他把泡泡挤得很多，搓揉得飞快，许多小泡沫飞散到空中；有时泡泡挤得少，冲水后，水面的泡泡变得越来越少，却总有一些能漂浮好一会儿……

在成人的眼中，洗手就是保持健康卫生的习惯之一。但对幼儿来说，这是一场触手可及且充满乐趣的实验。泡泡和水是他们必不可少的实验材料；"磨磨蹭蹭"是因为他们需要足够长的时间观察和验证。高普尼克曾这样形容婴幼儿的早期学习："如果说成人感知世界的方式是聚光灯，那么婴幼儿感知世界的方式更像是能照亮四周的灯笼……他们像佛陀一样，也是身在斗室心在四野的旅行者。他们在意识的池塘中自在地戏水，而不是沿着奔涌的意识之流奋勇前进。"[2] 当得以窥见幼儿"淘气"背后的思维真相后，成人必然能够体悟到幼儿思维的复杂与奥妙。

●给幼儿提供一致的学习机会

那么，我们如何支持幼儿复杂思维的延续呢？图式理论的答案是给幼儿提供具有一致性的学习机会：（1）一致的、充满安全感的关系；（2）稳定的时间、环境和材料。

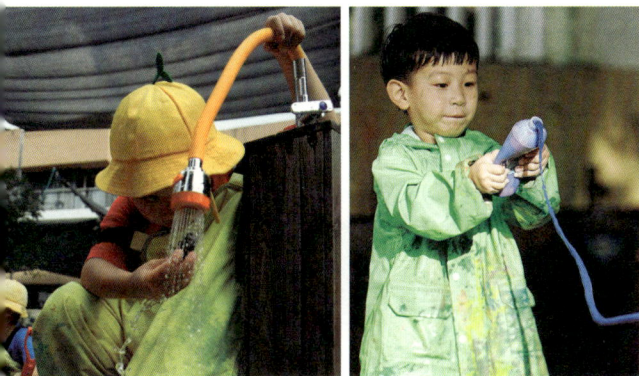

只有在充分信任和被接纳的心理环境中，幼儿通常才更愿意大胆冒险，更从容地从"新的、往往令人迷惑、恐惧和具有挑战性的经历中学习"[3]。回到上述的例子，倘若不是在安全感十足、相对宽松的家庭氛围里，幼儿将不具有长时间自己洗手的机会，更不会心安理得地"屏蔽"家长的再三催促。他毫不担心爱会因此转移，才会忘我地沉浸在泡泡探究中。因此，延续这份充满力量的爱与包容，是对幼儿最重要的支持。

相对稳定的时空和材料，可以让幼儿不必因为"什么时候、在哪里、做什么"等不确定性而焦虑。从而得以更从容、积极地发展自己思想和行动的连续性。从这一角度分析，幼儿每到饭前洗手时都迟迟不愿离开洗手间，似乎已经传递出值得我们深思的信号——幼儿日常研究水与泡泡的机会是否太

少。有没有可能在洗澡时段或更方便玩水的夏季日常，抑或是提早每天饭前洗手的时间，充分满足幼儿对水与泡泡的好奇呢？

水与泡泡，是最简单又变化无穷的材料之一。研究它们的变化细节是学习，收拾水流四溢的残局对幼儿来说同样重要。选择合适的工具清理洗手间、发现衣服被打湿主动更换衣服，未尝不是基于现实的观察判断、对个人行为的负责。

如何支持和拓展幼儿的复杂思维，或许有无穷解。但基于尊重的观察而不武断评价，放手游戏而非限制打压，始终是我们理解幼儿行为、看懂幼儿思维、支持幼儿学习的第一步，也是最关键的一步。

参考文献

[1][3] 卡西·纳特布朗 . 读懂幼儿的思维：幼儿的学习及幼儿教育的作用（第3版）[M]. 刘焱，刘丽湘，译 . 北京：北京师范大学出版社 . 2010：89, 116.

[2] 艾莉森·高普尼克 . 宝宝也是哲学家：学习与思考的惊奇发现 [M]. 杨彦捷，译 . 杭州：浙江人民出版社，2014：79.

关于游戏材料的投放，你是不是也有这样的困惑……

文 / 安吉县儿童村儿童发展研究中心 袁青 陈琳

提供适宜的游戏材料，让幼儿在游戏中有东西玩，是保障幼儿游戏权利的条件之一。然而如何投放游戏材料却让教师犯了难。

#01

啊？材料这么重！
大梯子、大木箱这些材料老师拿着都觉得很重，是否需要给小班投放规格小、重量轻的材料？

啊？梯子这么矮！
大班孩子的游戏水平越玩越高，是不是应该给他们持续提供更高、更大的材料，不断提升挑战难度？

材料大 ≠ 难度高
打破"人小只适合小材料"的固有认识

华东师范大学教授华爱华在访谈中谈道："每个幼儿都能够根据自己的已有水平选择最适合自己的方法作用于环境，并以不同速度、不同方式在不同水平上获得发展。"[1] 换言之，幼儿在游戏中的发展是因人而异的，他们在游戏中都有着自己的发展步调，即使是同一种材料，不同的幼儿也可以玩出不同的花样。幼儿在不同时期也会产生不同的体验和经验，建构不同的知识，获得不同的发展。

有不少教师进入了游戏挑战与材料大小相匹配的误区，认为幼儿的游戏能力随着年龄不断提升，可以给小年龄的幼儿提供小的、轻的游戏材料，可以为大龄幼儿提供更高、更大的游戏材料。这表现出教师内心的观点：大的材料挑战更大。难道游戏材料的结构越复杂、规格越大，它的难度就一定越高，对幼儿的挑战就越大吗？如果用小号的单梯两两相互支撑作支架，用大号的单梯作火车轨道呢？如果用大号的双梯作帐篷，用小号的双梯作游戏中的鞍马呢？如果用 5 块短木板相继连接成不会翘起的长桥，用一块长木板搭建独木桥呢？……

> 啊！是幼儿决定游戏材料的挑战难度，不是材料的大小！玩什么、怎么玩都由幼儿自己定，才能让游戏材料在不同年龄的孩子手中，在不同发展水平和发展特点的孩子手中焕发独特的精彩。

华教授在《幼儿游戏理论》一书中也表示："依年龄为标准分类过于绝对化，容易忽略儿童的个别差异和同一种玩具对不同年龄孩子发展的潜在功能。"[2] 那么，如何最大程度上打破按年龄段投放材料的误区呢？教师们应当尊重每一个幼儿在每一个时期的发展机会，在游戏材料的投放中满足幼儿的自主选择权。

程学琴老师认为，"多样的规格和充足的数量，为不同年龄段的幼儿提供了可选择的空间，幼儿完全可以根据自己的游戏水平和行动能力作用于材料，找到自己的最近发展区。这些游戏材料中的最小规格一般都适合小年龄或行动能力较弱的幼儿使用，但行动能力较强的小年龄幼儿也有机会自主选择更大号的游戏材料，从而确保了幼儿是按发展水平来自主使用游戏材料，而不是按年龄段。"[3]

安吉儿童村投放的每一种材料都有多种规格，多样化的材料适合所有幼儿。比如，人字梯有 0.6 米、1 米、1.2 米、1.5 米四种高度，滚筒有 0.6 米、0.9 米两种长度，箱子有边长 0.6 米、0.8 米、1 米三种规格，等等。

　　走出按年龄投放材料的误区，不仅有助于幼儿更主动地在自己发展水平的基础上按照自己的意愿选择游戏材料，想玩什么就玩什么，想怎么玩就怎么玩；而且给予了幼儿持续探索同一种游戏材料的机会，从而保障了幼儿游戏经验获得的连续性，让幼儿能够在不断巩固已有经验的基础上进行深度学习。

#02

啊？材料不会玩！如果孩子已经玩了几天滚筒了，还是不敢站上去玩，是否要帮助孩子玩起来？

某种材料 ≠ 某种玩法
撕掉玩法优劣的标签

华爱华教授认为："教师在游戏中更重要的是观察与思考幼儿游戏行为的发展意义，以便了解幼儿，进而有效地支持幼儿。"[4] 然而不少教师在实践中却总是急于看到幼儿达成自己想看到的玩法，如有教师发现，他们班的幼儿玩了一段时间的滚筒游戏后，一直没有出现"在滚筒上走"的行为，即使要求幼儿爬上去，幼儿也因为走不起来而不愿意继续尝试；如有教师发现幼儿总是在梯子下面铺垫子睡觉，一直不爬上梯子，也不从上面跳下来，即使用各种方法引导幼儿爬梯子，幼儿仍旧不尝试。

教师在投放材料时会预想这一材料可能的玩法和对幼儿发展所起的作用，这是难免的。但教师的预想总是被自己的第一反应欺骗，把材料的特征等同于某种玩法，而"看不见"材料其他玩法的价值。

例如，上述第一位教师如果跳出"滚筒 = 走滚筒"的定式思维，在幼儿迟迟不出现"在滚筒上走"的行为时就不会那么心急，其支持策略也将不再是"要求幼儿爬上去"。上述第二位教师如果跳出"梯子 = 爬梯子，梯子 = 跳梯子"的定式思维，在幼儿反复调整梯子和垫子的时候也将不会视而不见，其支持策略也不可能是"引导幼儿爬梯子"。

#03

啊？材料不更新！如孩子已经在一个区域玩了两周，是否要投放新的材料，推进孩子产生新的游戏玩法？该如何投放？

材料不变≠游戏不发展
打破材料频繁更换的误区

教师围绕材料玩法的焦虑往往反映了教师的定式思维。教师应当放下对玩法、结果的预设，沉浸于幼儿游戏的过程中，发现每个游戏行为的发展意义。如果幼儿在滚筒中反复滚动，教师是否关注了幼儿对"旋转"的适应能力和控制策略？是否关注了幼儿形成的游戏规则？是否关注了幼儿回忆的生活经验？……教师的注意力从"自己预设的结果"转向"幼儿探索的过程"越彻底，就越能发现儿童、敬佩儿童。

低结构游戏材料的主要优势就在于常玩常新，就像积木，在每个孩子手中都是不同的造型、不同的功能，在同一个孩子手中每次搭建的形式也不重样。梯子、长板、滚筒、箱子、垫子等也是如此，不同组合、不同数量、不同使用方式，孩子总能创造出无限的玩法。我们应当放下内心的困惑和焦虑，观察孩子们"如何乐此不疲"，从而拓展我们对材料玩法的固有认识。

例如，当梯子不再是用来攀爬的工具，不再是搭建的材料，它成了孩子们的小火车、轿子、跷跷板……

事实上，当教师"放下预设的结果"后，反而会"无心插柳柳成荫"。对材料玩法预设少的幼儿园，幼儿的游戏往往更灵动。当幼儿不再迎合教师设定的结果，全身心地、忘我地探索时，他们会将自己的能力、材料的特征、环境的特点灵活地组合起来，产生丰富多彩的变化。

低结构材料的另一个优势是利于替代和表征。它虽然有基本功能和结构，但什么造型、人物都"不像"，才使孩子有了表征的空间、替代的可能，需要什么就把它们当成什么。

谁说积木只能用来进行搭建游戏呢？当积木不再是积木，当梯子不再是梯子……在孩子们充满想象的世界里，游戏材料可以表征和替代整个世界。事实上，用材料代替不同物品，是儿童表征水平发展的表现。儿童用同一材料在不同场合替代不同物品，在同一次游戏中用同一材料持续替代一个物品等都反映了幼儿表征能力的发展。当我们看到幼儿开始玩过家家的游戏时，要克制住投放锅碗、菜品、调料等模具的冲动，转向观察幼儿灵动、巧妙的表征和替代行为。

此外，任何低结构游戏材料玩出的游戏，都不只是属于某一种游戏类型，幼儿获得的也不只是某一技能或某一方面的进步，它们既是整合的，也是不断变化和发展的。

华爱华教授曾在访谈中以建构游戏为例说明了这一点："幼儿在建构游戏中虽然也要遵循围合、平铺、架空等搭建技能水平发展的规律，但幼儿游戏的目的不只是为了获得这些技能，他们在搭建中可能会出现装扮情节，涉及想象表征水平，也可能会出现结构稳固性问题的解决，涉及科学认知水平以及手眼协调性等动作水平。"[5]

综上，在玩什么、怎么玩、与谁玩、在哪里玩都由幼儿自主决定的条件下，我们要理解：低结构材料有无限变化，投放不变不等于玩法不变；

低结构材料有表征替代空间，"不像"才是发展的契机；低结构材料适宜多种游戏类型，游戏类型是转换的，领域发展是整合的，是不断变化的。消除了对游戏材料的固有认知，教师们才会看到：幼儿能够在游戏中创造性地使用游戏材料，自主创造无限玩法，获得多方面的发展，游戏经验越玩越丰富，游戏水平越玩越高。

因此，教师们不妨再多一点耐心，给予幼儿和自己更多的时间，也许就能在游戏观察中发现幼儿的小步发展，发现幼儿比自己想象的更有能力。

参考文献

[1][4][5] 韩康倩.华爱华教授访谈录之三：安吉户外游戏材料的特征及价值 [J].幼儿教育，2021(13):22,23,25.

[2] 华爱华.幼儿游戏理论 [M].上海：上海教育出版社，2015:193.

[3] 程学琴.游戏材料设置的安吉实践 [J].幼儿教育，2021(13):19.

螺母积木还能干什么?

文 / 邹平市孙镇中心幼儿园 耿文娟

十月份,我们班游戏区域的材料是螺母积木,孩子们三三两两地在树荫下游戏,个别孩子喜欢冒险,跑去了别的地方。今天,我观察到了天天、小轩、泽泽和文文用螺母积木进行了一次不一样的游戏。

小轩蹲在地上，收拾乱糟糟的玩具，对着旁边的小伙伴说："天天，去给我打鱼去！""去打鱼！"天天笑着回应道。"这些没有用的东西，这也太不好使了，我收拾一下。"小轩边说边把地上的三孔板摆在一起。天天背着用绳子穿好的钩子绕到了小轩的身后，弯腰低头凑到小轩的耳朵边说："不好使对吧，我们打鱼去吧，打鱼换钱！""哎呀，这些东西是你小时候玩的，都弄坏了，所以我才把它们卖了换钱，再给你买好东西。"小轩一直在忙着收拾地面的玩具。"爸爸！"天天叫了一声，还把挂在身上的鱼钩往上拉了一下，"咱们去捞鱼吧！"

小轩用手在螺丝下面摸了几下，痛快地说："好！让我先弄了这些。"小轩弯腰把收拾好的七块三孔板一起抱在怀中，跟在天天的身后。

两个孩子来到了有四层台阶的门口处。天天快速走上最高一层台阶，从身上拿下鱼钩，右手拽着绳子，左手用力将钩子抛在台阶下面。小轩把怀里的三孔板放了最高的台阶上，拿起最上面的一块三孔板说："我把鱼饵放在下面，就能钓上鱼来了。我下去放鱼饵了！"说完，他爬下去，把三孔板放在了紧靠台阶的地方。"放上鱼饵，这样鱼就能上钩了。"

小轩快速地爬到台阶上，整理了一下地上的几块三孔板，嘟囔着："还没有鱼上钩啊！""诶，这有条鱼！"天天大声叫道，还把鱼钩使劲往上提。

小轩听到后，飞一般地站起来，两人一起跑到台阶下面，拿起小轩刚放好的三孔板。小轩的双手做捞鱼的样子，眼睛看着天天。

天天拿起"鱼"后，快乐地说："咦！一条大鱼！"天天右手拿着"大鱼"，左手拽着"鱼钩"，三步并作两步走上台阶。

小轩到台阶上后，抱起摆好的三孔板说："我把这些鱼饵全都放下去！"泽泽看到他把"鱼饵"放下去，又跑下去把所有的三孔板都抱了上来，小轩看见他漏了两条"鱼"，就一手一条拿了起来。泽泽抱着"鱼"，冲着天天笑着说："你看我捞到了这么多鱼！"文文这时也从一边跑了过来，四个孩子靠着坐在一起。

天天又抛了一次鱼钩，文文把脸凑到泽泽脸上，絮叨着："泽泽，我不玩警察游戏了，你在玩什么？"

泽泽回答："钓鱼。"

文文说："那我也当钓鱼的！开始钓鱼！"

琳琳、小晨、小瑜走到台阶上，四个男孩看到后，一起回头对三个女孩说："干什么？我们在钓鱼，这是我们的鱼！"泽泽说："你们快点下去，别妨碍我们钓鱼。"

三个女孩听后，依次走了。小轩和文文跳起来，"抓鱼去！"小轩两只手往中间一捞，没有捞到。他走上台阶，把"鱼饵"从第三层台阶扔下来，"鱼饵！快点放下去！小心别摔坏了！"天天说完指挥着小轩往下投放"鱼饵"。等小轩把手里的"鱼饵"全都投下去后，天天又一次抛出了鱼钩，"哇！有这么多鱼，快捞上来！快捞上来！"天天双手使劲挥舞着，泽泽、文文、小轩努力地"捞鱼"。鱼捞上来后，天天就把鱼钩给收回了。收回鱼钩后，天天把鱼钩背在身上，和三个小伙伴一起去"烤鱼"了。

我的发现

和成人的惯性思维不同，孩子的世界是充满想象的。他们在探索的过程中将游戏材料无限联想，将简单的材料想象为自己游戏中需要的东西。

在钓鱼游戏中，天天将螺母积木中的钩子当作"鱼钩"，绳子上挂上钩子就变成一根简易的"钓鱼竿"；三孔板既可以是"鱼饵"，又能充当"大鱼"。"爸爸"带着"孩子"去钓鱼的情景在两个孩子的游戏中自然产生；钓鱼中遇到钓不上鱼的情况，"爸爸"还会带着"孩子"下水捞鱼。游戏现场没有一样东西是现实中的钓鱼用具，但他们却玩出了生动无比的游戏情境。

孩子们的创意还有很多。例如，上个月开展积木区游戏时，我观察到天天双手握着一块长方形的积木，两个大拇指不停地在积木上点着，嘴里还喊着："前进、后退、左转、右转。"沐沐在前面按照他的口令做出相应的动作，两个孩子走几步退几步地绕着积木柜转了三大圈。后来听天天介绍，才知道方形的积木是"机器人遥控器"，沐沐是他新买的"机器人"，按动按钮，机器人就会做出相应的动作。一块积木加一个小伙伴，在孩子们的创意下玩出了无限精彩。

孩子们的游戏是完全自由自主的，自己明确角色分工，游戏中孩子们和谐相处、积极投入。钓鱼游戏源于天天的生活经验，天天扮演"儿子"，小轩扮演"爸爸"，角色分工明确。小轩认真地收拾天天小时候玩但现在不玩的玩具，陪着"孩子"去钓鱼、捞鱼、烤鱼等。游戏过程中"爸爸"和"儿子"的对话也特别生动有趣，"打鱼换钱""哎呀，这些东西都是你小时候玩的呀"……孩子们将父母平时对自己说的话重现在游戏中，游戏中有了生活的痕迹，顿时变得生动形象。

游戏结束后，孩子们画了他们的游戏故事。

天天：我爸爸钓的鱼很好吃，他每天拿钓鱼工具去钓鱼，那都是些很奇怪的东西：有网子，有小柜子，还有鱼竿，小铁片我不知道是什么东西，还有鱼食。我和爸爸一起去钓鱼了，钓完鱼爸爸就开车回家了。来不及钓鱼，（我们）就下去捞鱼。

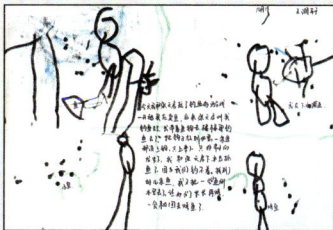

小轩：今天，我和天天玩了钓鱼的游戏。一开始我在卖鱼，后来天天叫我钓鱼去了，我带着鱼钩去楼梯那钓鱼去了。我把钩子放到水里，一条鱼都没上钩，只上来了一只非常小的龙虾。因为我和天天钓不着鱼，所以只好下水去抓鱼。抓到了好几条鱼，我又把一些小鱼倒回水里去了，让它们长长再烤。一会儿就回去烤鱼了。

文文：我们玩了警察游戏，又玩了钓鱼游戏。用钩子钓鱼，钓不着就去捉鱼。小岩和小果果不理我，我就加入他们玩钓鱼游戏。

对游戏故事的发现

在游戏故事的记录过程中，我听到了天天的爸爸在家经常带着孩子去钓鱼，于是在游戏中，天天就有了用弯弯的钩子做鱼钩的游戏创意。天天在讲述游戏故事的时候，很详细地告诉我他知道钓鱼需要的工具，而且他还把自己的困惑表达了出来：小铁片是做什么的？这个问题他不知道，但是他在做鱼钩的时候，把铁片用塑料轮子来代替了，可以看出天天在生活中对周围的事物观察得特别仔细，观察能力特别强。同时也将他在生活中的经验迁移到了游戏中，这才引发了一场趣味生动的"钓鱼"游戏。

小轩在讲述游戏故事时，比较翔实地讲出了和天天一起去钓鱼、捞鱼、烤鱼的过程，中间还简单解释了一下自己为什么去"捞鱼"。"因为"这个充满逻辑的词语的运用让我看到孩子的语言发展和逻辑思维都有了进步。小轩用比较抽象的线条将自己的游戏故事呈现了出来，拿到他的游戏故事时我根本看不懂他想表达什么，但是在倾听了他的描述之后，我才知道他故事的精彩之处。给孩子讲述故事的机会，静下心去倾听孩子的游戏故事，孩子会给我们打开一扇充满神奇故事的大门。

文文的游戏故事描述很简单，他说了自己玩的好多游戏，钓鱼游戏只是他参与的游戏之一。他看

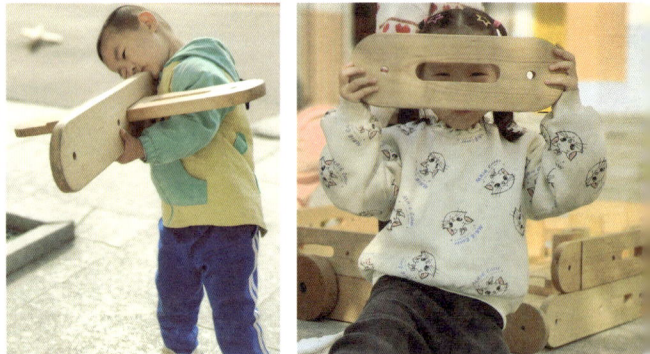

到天天、小轩有了钓鱼这个游戏情景创意之后主动要求加入，他在画中呈现的小伙伴居多，他很渴望和更多的小朋友成为游戏伙伴。

孩子们有趣的游戏故事用他们简单的线条描绘出来，用他们生动的语言讲给老师和小伙伴听。描绘游戏故事和语言表达游戏故事都需要老师给予孩子充足的时间、足够的信任，让孩子们放心大胆地去画、去说，这样一个个有趣生动的游戏故事才会呈现出来。

当我们放手以后，没有了对材料和玩法的限制，孩子们自由地使用这些材料，他们不一定要用来搭建和组装，而是在想象和替代中演绎着生动有趣的游戏情景。这样的想象和替代水平，是传统游戏中教师提前设计好和规划好的"角色游戏"所无法企及的。

我的小超人康康

文／十堰市富康幼儿园 邵梦凡

我们以为的"问题康康"其实是"小超人康康"！希望作为幼教工作者的我们，能抛开刻板印象，改变自己的教育行为，悦纳每一个孩子，静待每一朵花盛开！

康康让我印象很深刻，他不是上课抠手就是放学爬门洞，还爱跟小朋友发生矛盾，不是推人就是抢别人玩具，还爱在涂鸦区将自己画成"熊二"。像这样的场景每天层出不穷，用其他老师的话说就是"哪里有康康，哪里就有危险"。

这不，室内游戏时间，康康和他的小伙伴突然为一块小积木动起了手。只见积木掉到地上后，康康飞速地捡了起来并拍了一下小伙伴的屁股。当他发现小伙伴手上还有积木时又开始抢了起来，其间还有其他小朋友试图将他俩分开，然而战争太激烈，劝架的小朋友扶着额头走开了，抢积木愈演愈烈。康康开始有了推人的行为，甚至用起了脚，最终以康康抢到积木结束了这次"战争"。

我也许误会他了 >>>

"老师，康康他推我。""老师，康康抢我玩具。""老师，康康离开座位了。"……每次只要有小朋友告状，康康就会受到批评。久而久之，一看到他推人，我就会让他跟别人道歉；看到他抢玩具，我会立马让他把玩具还给别人。但在一次事件中，我对康康的看法有了改变。

那是一次游戏分享环节，大家都坐得很端正，只见康康突然起身，手上拿着一个塑料袋走来走去。看到不愿倾听的康康，我走过去狠狠地批评了他。我话音刚落，班级里另一位老师告诉我，她刚刚在整理室内游戏区材料，康康离她最近，她就请了康康帮忙丢垃圾。这时，我意识到是我误会了康康。因为有孩子在分享，我忙向康康投去愧疚的目光，但明显能看到受批评后的康康耷拉着脑袋，撅着个嘴巴，情绪低落。

经过这件事情后，我开始反思自己，以前是不是也有这种情况？是不是也误会了他？……于是，我决定在康康下次出状况时再"等一等"。

观察康康的第一天

游戏时间，大家都在忙碌着，孩子们不约而同地来取垫子。但因前一天收纳时将垫子叠放在了走廊旁的高台上，一时间，大家看着高高的垫子不知所措。这时候，小石头爬上了一旁的高台，尝试拿取垫子，但发现很难移动。而其他的孩子则站在台阶下拽着垫子的一角用力扯，但都没能成功地拉下垫子。

不一会儿，康康走了过来，只见他爬上台阶，从小石头手中接过垫子，然后慢慢地将垫子往下推去……将垫子推到地上之后，康康听到小女孩想要，便将推下来的第一块垫子送给了小女孩，随后开始推第二块垫子。此时，康康旁边的小石头说："我也想要一块垫子。"康康没有说话，而是将第三块垫子推下之后，扭头对小石头说："你一块我一块。"说完，两人便各自拿着垫子离开了。

看到这样的场景，我不禁有些触动，我想我要更加仔细地去观察康康。

观察康康的第二天

今天，康康搭了一座独木桥，快走到终点时，意外发生了：康康从桥上摔了下来。我连忙跑过去将康康扶起，康康看着我着急的样子，还连忙安慰我："没事，老师，没摔到哪。"看着康康一脸轻松的样子，我悬着的心才放下来。再次检查后，我发现，康康还是磕到了腿，于是班级里的另一个老师韩老师迅速带康康去了医务室。

简单的处理后，康康又回到了游戏场地。只见他先是将梯子与箱子之间的距离调近了一些，然后站在一旁若有所思地看着搭好的梯子。几分钟后，康康又开始再次尝试走独木桥，从独木桥另一边的大箱子上面爬了上去。他先是趴在箱子上检查了木板的位置，发现木板没有在木梯的正中间后，便将木板朝木梯的中间挪了挪，随后用手使劲地拍拍木板，确保位置在中心内。他又跳下箱子来到木梯的一边，一步一步地爬上了梯子，爬到木梯的上半部分时，康康拿脚碰了碰木板并再一次用手拍了拍木板。

紧接着，康康拿来了标记桶，再次试探木板会不会掉落。随后，康康第四次爬上了木梯，快爬到木梯的顶端时再次调整了木板的位置，调整完成后跨坐到了木梯上并四处张望了下。过了一会儿，康康终于也将另一条腿跨了过来，然后将身体全部转向了箱子的另一边。康康伸出了一只脚在木板上踩了两下，确定木板不会掉下以后，一步一步从木梯一端走到了对面的箱子上面。

观察康康的第三天

进入游戏场地后，康康和轩轩一起商量搭建跳水台。只见康康负责找垫子和箱子，轩轩负责拿木板，由于木板较沉，轩轩搬得很吃力。正在搬箱子的康康看到后，连忙放下手中的箱子，帮助轩轩一起将木板放入了箱子中。至此，跳水台搭建完成，两人愉快地游戏起来。

不一会儿，跳水台吸引了小卓和小柏的目光。两人一直站在跳水台旁边说着悄悄话。没过一会儿，小卓走向了康康，只见康康点了点头，小卓和小柏便也加入了康康的跳水台游戏。

一到游戏场上，康康和几个小男孩便大喊着想搭一个城堡。怎么搭出城堡呢？孩子们想出把两个箱子叠放在一起的办法。但箱子太重，怎样才能叠放上去呢？小郭找来了木板，并提出可以借用木板的坡度把小箱子推上去。这个提议得到了孩子们的一致赞同，随后孩子们便行动起来。但是下方只有三个小朋友，上方有两位小朋友，不管下方的小朋友怎么使劲都没能把小箱子推上去，而上方的小朋友伸长了胳膊也够不到。

僵持中，康康发现了问题，从大箱子上面一跃而下，走到了小箱子的后面，跪在地上将小箱子往上推去。随着小箱子越走越上，康康也慢慢地站直了身子，直至小箱子完全推到大箱子上后才转身离开。

观察康康的第四天

今天的游戏伴随着欢快的音乐结束了，孩子们三三两两地开始收拾、整理材料。一抬头，我发现康康站在了放置垫子的高台上。就在我准备走近他的时候，他又从台子上跳了下来，不一会儿又爬上了高台。这是在干吗呢？我走近几步，在一旁悄悄观察着。

原来，当孩子们在收垫子时，高台下面的孩子力气不够，怎么也举不上去，上面的孩子也够不着。康康看到后，快速爬下高台，加入了托举垫子的队伍。当垫子慢慢碰触到高台时，康康就又快速爬上高台，帮助高台上的幼儿一起拽接垫子。这时我恍然大悟：原来康康是忙碌的"小雷锋"啊。

观察康康的第五天

连续五天的观察后，我还发现康康成了垫子收纳小分队的主力军。游戏前康康会第一个爬上高台，将所有的垫子全部推下，帮助那些不敢上高台的孩子更方便地取垫子。游戏后，高台下的孩子都将垫子送到康康手上，再由康康带领的收垫子小分队将垫子一一摆好。有的时候，康康也会和大家一起把箱子推到其他小朋友需要的地方，或是帮助同伴拿起太重的材料，等等。随着观察的持续，我突然觉得"不是哪里有危险哪里就有康康，而是哪里有需要哪里就有康康"。

认识不一样的康康 >>>

回看康康的游戏记录,我突然发现康康和我印象里的不一样。从前我总是觉得他调皮、捣蛋、爱打架,这些先入为主的刻板印象导致我总是把康康归为过错的一方。但是通过这几天的观察,我看到了康康身上被我忽略的另一面。

第一天的游戏过程中,康康和小伙伴虽然没有语言的表达与交流,但能看到他帮助同伴的行为。这些行为恰恰证明康康是有"爱"的,只不过他没有诉诸语言的表达,而是更趋向于行动的付出。

第二天,虽然有"意外"发生,但并未影响康康游戏的状态。再次投入游戏时,康康的安全防范意识明显增强。他首先调整了连接的长木板与箱子之间的距离,然后调整了板子的角度,还用手部敲击、小脚试探等方式确定独木桥的安全性,直到确认一切平稳后勇敢地走过了桥。在这期间,我不仅发现了康康不怕困难、坚持不懈的学习品质,也感受到了康康的冒险精神。而康康主动判断自己游戏中的风险以及调整应对风险的方法恰是康康反思的过程。

第三天的游戏中,康康和同伴进行了合作游戏,在小伙伴遇到问题时,他主动放下了手中的事情去帮助同伴;在同伴希望加入游戏时,他爽快地接纳同伴的请求。从孩子们后面玩耍的欢声笑语中我感受到了康康与同伴一起游戏的愉悦。

第四天,在解决箱子叠放的问题时,康康再次出现在了最需要的地方,和下方的同伴合力将箱子推了上去。

第五天,康康看似跳上跳下"捣蛋"的背后,是一次次在解决问题,是一次次在帮助别人,是一次次在承担责任……

当我走进康康的世界后,我发现康康会在抢了小伙伴的积木后主动向小伙伴道歉;推人也是因为想将自己盛好的饭递给年龄小的妹妹;离开座位也只是想将老师掉落的物品归回原位。如果不是这次的走近,我想,我永远也看不到康康的另一面。这也让我懂得了:作为教师我们不能戴着"有色眼镜"去看孩子,而是应该打破对孩子的固有认识,以"儿童友好"为出发点,走进孩子的内心世界。

重新认识康康之后,我也改变了自己的行为模式:遇到问题时,我不会再第一个冲出去了;没有弄明白事情经过前,我不会再劈头盖脸地批评康康了;在康康游戏的过程中,我不会再"善意提醒"了。我选择给康康时间的同时,也给自己时间去等待、去陪伴。当我对康康给予更多的尊重和理解之后,康康也给了我更多的惊喜。

我也意识到,我的身边还有更多的"康康",那些我没来得及好好了解、观察的"康康"。作为老师,我们要相信每一个孩子都是"了不起的儿童",每一个孩子的行为背后一定有他的原因,每一个孩子都可能点燃世界的火花。而我们要做的,就是从心里真正地相信他们、尊重他们,支持孩子们在爱与信任的环境中自发地反思、学习和成长。

小小"科学家"

文 / 安吉县儿童村儿童发展研究中心 方文文

　　由于前一周的连续大雨，沙水区积聚了很多水，产生了一堆"淤沙"，在地势较低的地方甚至形成了一个个小水坑。我原本担心这会影响孩子们的游戏体验，可能有的孩子甚至不想在这里玩。但户外自主游戏时，孩子们自发的探索让我惊喜。

孩子们换好雨衣雨鞋后，绕开有水的地方，拿取自己喜欢的材料到较干的沙地上，像往常一样玩过家家的游戏。

这时我看见小礼拿了一把小铲子走到一个小水坑的旁边，低头看着沙子，双手握着铲子，将铲子斜插进水坑旁的沙地里，手腕一抬将沙挖出来倒向身侧，再用铲子拍一拍这一堆沙子。小礼一直低着头，盯着脚下，重复挖沙这一动作。很快便形成了一条细长的"小路"，像是导管，旁边的水慢慢地流到"小路"中。

游戏结束后，我问他："小礼，你刚刚在干什么呀？"

小礼回答："水多了，挖一条沙路出来。"

我说："挖一条沙路是干什么用呢？"

小礼："水可以流走呀。"

我继续问："是挖沙路，水可以沿着沙路流到外面去吗？"

小礼点点头。

我说："那你在挖沙路的时候，有什么发现可以分享给方老师吗？"

小礼："沙路高一点，水就流不出去。"

我问："还有吗？"

小礼："我就挖得很低，让水沿着沙路流走。"

小礼的回答让我惊讶，原来孩子远比我想象的厉害。他们能够在游戏中通过自己的亲身实践领会到我们日常生活中的各种物理现象，并且还可以总结出他自己朴素自然的经验。例如，小礼通过挖沙路所发现到的"沙路的高低对于水是否能流动的影响"，不就是我们常说的"水往低处流"的物理知识吗？

除此之外，我在倾听记录的过程中还发现其他孩子也在想办法用自己的方式让水"流出"沙水区。

例如，小辰也拿了一把铲子，微微弯腰，双手握住铲子，将铲子凹进去的部分朝下对着沙水区的"积水"，然后双腿分立，双手发力，用手臂带动铲子，在水坑中激起水花，一连这样挥舞了好几次。

起初我没有看懂他在干什么，后来给小辰记录游戏故事时，他告诉我："我在玩种田的游戏，我拿了一个扫把，用力扫，把水都赶走了。"我问他："那能赶走吗？""可以，我家里就是这样。""那你今天赶走水了吗？"他回答说："有。"

今天我在玩种田的游戏，
我拿了一个扫把，
用力扫把水都赶走了

　　小辰跟小礼的目的实际上是一样的——都是想要将"积水"排出沙水区。但小辰的方式在成人眼中是很天真的，因为他始终就在这个小区域里"扫水"，这样扫不就又会流回到这个小水坑里吗？但是当时看着他笃定的神情，我没有纠正他的想法，而是对他说："好的，这真的是一个很独特的赶水方式。"

我的发现

　　这两个孩子都对怎样将积水排出去产生了游戏兴趣。但因为他们各自对世界的认识不同，所积累的关于排水的经验也不完全相同，所以面对"如何将积水排出沙水区"的问题，他们虽然使用了相同的工具——铲子进行排水，但使用的方式并不一样。

　　小礼关注到铲子的铲沙功能，利用铲子将阻挡水流走的沙子铲开，形成一条可以让水排出的"沙路"。这可能和他在生活中关注到的水槽引流的经验有关联，同时他在实验的过程中获得了"水往低处流"的朴素经验。而小辰则是关注到铲子与家中的扫把外形相似，将扫把的使用经验迁移到铲子上，利用铲子将水直接从坑中"扫"到旁边的沙地上。

　　站在孩子的角度来看，挖沟排水也好，模拟扫把直接将水"扫"出去也好，这都是他们自己通过和环境、材料的深度互动，通过亲身感知和探索去发现事物间的异同和联系，建立起来的对于世界的认识与解释，也体现出他们奇妙的想象力和无限的创造力。我很庆幸自己关注到了孩子们解释自己的游戏行为时那闪着光的眼睛，很庆幸自己在听完他们的排水方式后选择了接纳和肯定。我想他们在持续的探究中将会有更多的新发现、新方法。

　　我再一次认识到真游戏就是幼儿的真学习。游戏就像是一个自由开放的实验室，幼儿可以在里面选择自己感兴趣的项目，通过自己对具体事物的操作和实验，不断获得一个个新的发现，又不断地做更多的实验去试错、调整，来验证自己的发现，并在这个解决问题的过程中进一步提升探究能力，拓展更多经验。幼儿还会将自己的已有经验迁移到新的情境中去解决新的问题，并在这个过程中建构起新的经验，获得解决问题的新方法。而我们要做的就是相信幼儿，观察幼儿是如何"玩"的，是如何像科学家一样发现问题、解决问题的。

园区内的沙池是孩子们最喜欢的地方，孩子们常常拿着小铲子和各种形状的模具做自己喜爱的食物，蛋糕、冰激凌、糖葫芦、汉堡……

原来我想教给孩子的知识，
她早已从游戏中习得

文 / 远安县航天幼儿园 郑岚

游戏观察

这天，小欣和小清在沙水区游戏，她们正在往一个蓝色的长方形模具中装沙子，不一会儿就装满了。小欣用手中的三角形小铲子把多出来的沙子刮平，刮了几下之后，小清说："看！看！我用这个！"说完就拿起透明管，像使用擀面杖那样在沙子上碾了三下，原本松散的沙子一下子就变得平整了。

小欣又继续用她的小铲子将模具上裸露的沙子表面修整了几次，然后拿起左手边的一个黄色小长方形模具说："我们再加一个这个。"两个人又开始了新一轮的填沙。过了一会儿，小清拿起手中的工具，挖沙子往自己的鞋上倒，边倒边说："我要把我的脚埋起来。"小欣赶紧说："不行，你现在不能把脚埋起来，我们正在做蛋糕呢！"小清听了小欣的话，继续往模具里装沙子，很快第二层也装满了。

小欣又拿来了一个小一点的黄色圆形模具放在了第三层。这时小清的动作慢了下来，小欣还在不停地往第三层的模具里装沙。小清用透明管装了满满一管沙倒了进去，模具一下被填满了。小欣就用小铲子把多余的沙子刮掉，结果一不小心太用力，把圆形模具弄倒了。两个人被这一幕逗得咯咯直笑。

小清把模具捡起来准备重新放上去，小欣一把推开。原来她想要先把多余的沙子刮掉，把下面两层蛋糕的边缘都修整平整了再把圆形模具重新放上去。这次，她们改变了装沙的方式。小欣用小铲子把沙子装进小清的透明管里，装满之后再由小清将沙子倒进模具里。倒进去的时候，小清说："哈哈，真多呀。"然后她们继续用小铲子往第三层模具里面装沙，装满之后，小欣将第二层和第三层的模具一起抬起来，蛋糕一下子又散掉了。她站起身来，抖了抖雨鞋上的沙子，说："我要跳上去。"说完，她双臂前后摆动，一下跳到了沙堆上，又往前蹦了几下，再次跳到沙堆上，蹦蹦跳跳地绕了一圈。

相信儿童

倾听记录

倾听过程：

幼：我画的我在玩沙，然后我想到了一个办法，我就叫小清一起过来，我们一起搭蛋糕。

师：你和小清在做什么呢？

幼：我在堆蛋糕。堆好了我把它拿下来，我一看到它破了，我就跳上去了。

师：轻轻地拿下来。

幼：嗯。

师：蛋糕破了？

幼：嗯，我就跳上去了。特别好玩，我又来了一次。我来了很多次，然后我就又换了一个游戏。

师：蛋糕破了你就跳上去了，然后你又重新堆了蛋糕吗？

幼：嗯。

师：你用什么堆的？

幼：还是原来的模具。

师：用原来的模具堆的，又跳了上去。

幼：我又去水里玩了一会儿，我又上来了。

师：为什么你已经轻轻地拿蛋糕了，蛋糕还是破了呢？

幼：因为没有堆好。

师：什么原因没有堆好呢？

幼：因为没有压下去，所以拿下来就倒了。

师：没有用什么压？

幼：没有把沙子压好。

师：没有把它弄紧，散掉了是不是？那你第二次拿的时候又散了，是为什么呢？

幼：因为沙子没有沾水。

师：因为没有水，所以沙子太干了，所以散了是不是？

幼：嗯。

师：你跟小清在一起玩，那你们是一起堆的吗？是一起合作的吗？

幼：嗯。

在观察这两个孩子游戏的时候，我看到小欣和小清一直在用沙子做蛋糕，她们非常善于观察，将在生活中观察到的做蛋糕要抹平表面这一经验迁移到了游戏中，每次做好一层就要用小铲子轻轻地刮平表面。小清还利用了透明管去抹平表面，因为它的接触面比小铲子更大。她们两次脱模的时候蛋糕都散掉了，我还以为游戏失败会让她们感到沮丧，但是在倾听小欣的游戏故事时，我发现她并没有因此而失落，而是非常开心地体验了跳起来踩在沙子上的感觉。

原本我在意的是怎么样让她们吸取经验，在下次做出完整的蛋糕，所以我忍不住问她为什么蛋糕会破，为什么没有堆好。而从小欣的回答中我发现，她已经了解了沙子的特性，她知道两次失败的原因是什么，她也知道想要做一个完整的沙子蛋糕需要注意什么，比如说要用沾水的湿沙子，还要把沙子压紧。这些我想引导她学会的知识，她早已从游戏中习得。

再次倾听

　　当我再次反思我的倾听过程时，我发现小欣对
跳到散掉的沙子上的感受是"特别好玩"。当我问
她"蛋糕破了？"的时候，她说："嗯，我就跳上
去了。特别好玩，我又来了一次。我来了很多次……"
但我当时关注的是她们的蛋糕能不能做成功。我和
孩子感兴趣的点发生了错位。于是，我请小欣和我
一起回顾了游戏视频，再次进行了对话。

　　师：整个游戏中，你印象最深的是什么？

　　幼：蛋糕倒了，我们在上面跳，有很多脚印。

　　师：什么样的脚印呢？

　　幼：跟我的脚一样的，很多很多的。

　　师：蛋糕倒了，你的心情是怎样的？

　　幼：蛋糕倒了我们没有不开心，因为倒了
我们可以在上面跳。在上面跳觉得沙子很软，
感觉下面有软糖。我在湿的沙子上跳，觉得很硬。

　　师：你还在哪里跳过呢？有什么感觉？

　　幼：我回家的路上有一座小木桥，我也很
喜欢在那里跳，感觉很硬。我还在家里的沙发
上跳，我跳一下，再跳一下，就被弹上来了，
感觉要飞起来一样。

　　师：还有吗？

　　幼：我还在床上跳，感觉很硬，又有一点软。
我最喜欢在游乐场的蹦蹦床上跳，轻轻地跳也
会被弹上来，很刺激，很好玩。我在舞蹈班跳
舞的时候总是跳，我很喜欢跳！

　　小欣在分享的时候滔滔不绝，和在我追问她
"蛋糕为什么散掉"时的状态截然不同。这也
引发了我的反思，只有教师真正做到关注孩子
们的兴趣点，孩子才会想说、愿意说、说得更
多。在这次倾听对话中，小欣还是对"跳"很
感兴趣，跟我分享了她在不同地方跳的感受。
在软的地方和硬的地方跳，在有弹性的和没有弹性
的地方跳，都给她带来不一样的感受。原来孩子在

真游戏中时时处处获得真实的体验和经验，时时刻
刻主动探究、积极思考。而我也应当从知识的传递
者、引导者变成幼儿的发现者和幼儿学习机会的捍
卫者。我们不仅要细心观察，还要善于倾听和反思，
不断反思自己观察与倾听的能力，不断反思自己与
幼儿的互动方式，认真地分析和思考表面现象下所
掩盖的问题，真正发现幼儿的探索兴趣。

改变、接纳和相信

文 / 远安县茅坪场镇中心幼儿园 彭玉娇

真游戏的孩子是自由的，即便弄了一身泥，都会被夸赞；

真游戏的孩子是勇敢的，即便受了挫折，也会一次又一次探究；

真游戏的孩子是自信的，即便遇到"不完美"，也会大胆表达，乐于分享。

真游戏有五个关键词：爱、投入、冒险、喜悦、反思。今天，我有三个关键词想和大家分享。

第一个关键词：

🔍 改变

这一年，我学会了改变。

新新是个调皮的男孩子，就连园外都对他的事迹"了若指掌"，这也实在令我头疼。

"老师，新新又抢我的玩具了。"

"老师，新新推我。"

"老师，新新打我。"

……

这样的告状每天都会上演，我有时候实在忍不住，把他拉到身边，劈头盖脸就是一顿说："你为什么要推别人，她们又没碰你，你这样没有小朋友喜欢跟你玩。"新新听了也只是沉默，或者"哼"地把双手一抱，耍起脾气，我也不惯着他："你就在这里，跟着我。"

这天户外游戏，又有人来告状："老师，新新又抢我的玩具。""你抢别人玩具干什么，不准玩了，去桶上坐着！"我心里的火一下子就起来了，他什么时候才能让我省点心呀。

"调皮"这个标签已经在他的身上贴得紧紧的，不是三言两语就能撤掉的。

锐锐最近几天有些感冒，鼻涕总是流个不停。这不，户外游戏的时候，"阿嚏！"随着一个喷嚏，一条长长的鼻涕流了出来。锐锐就那样呆呆地站着，新新却小跑着去装隔汗巾的盒子里揪来几节卫生纸递给了锐锐。我大吃一惊，新新还是有闪光点的。在涂鸦区，新新会拿着黑板擦、滚筒刷将墙面、轮胎刷得干干净净。后来我也总是发现，新新喜欢帮老师做事。我们在剪纸的时候，新新会自己过来捡地上的废纸丢到垃圾桶，或者直接将垃圾桶提过来；老师收水杯的时候，他也会跑过来帮忙等。原来，新新也是个乐于帮助的小男孩。后来，我也发现，新新有时候并不是要抢别人的玩具，只是想和小朋友一起玩，但是由于调皮这个标签，大家都不喜欢他。我也在反思自己，作为老师没有起到一个很好的榜样作用，所以小朋友也就不爱和他玩。在此后的日子里，虽然新新有时候真的很调皮，但是当他表现好的时候，我也会及时表扬他。我发现，告状虽然也没有停歇，但是人数相对减少了。

改变对幼儿的看法，拒绝贴标签，老师会发现那些自己之前都没有注意到的细节。

第二个关键词：

🔍 接纳

这一年，我学会了接纳。

接纳幼儿的游戏表述，接纳幼儿的游戏行为。

锐锐是一个活泼好动的小男孩，从早上入园开始，你就会感受到他的活力。未见其人先闻其声，每天早上我都会听到锐锐的"heng"，然后才会见到他的人。在我的追问下，锐锐告诉我这个声音是恐龙的叫声，后来我上网搜了一下，果真如此。

户外自主游戏时间，锐锐会和他的好兄弟小杰、小俊一起在操场上奔跑。滚筒区、综合运动区、涂鸦区、小树林……到处都能见到他们的身影。

一天，锐锐跟我讲述了他的游戏故事：

"今天画了大恐龙，有霸王龙、三角龙。它们集合了，告诉消防员有坏人。它们把坏人打败了，警察叔叔表扬了它们，后来还保护小朋友，一口就把坏人咬死了。"

这是锐锐第一次和我说恐龙的游戏，虽然感到奇怪，但是我并没有打断他。在此后的日子里，锐锐还是会时不时跟我讲述有关的恐龙游戏：

"我看到一条鲨鱼，跑进去一看，里面都是宝藏，是恐龙世界。"

"我玩的聚沙模式，出现了一只霸王龙，我把霸王龙撕掉了，霸王龙就"领盒饭"了，然后来了一个奥特曼，我就变大了，把奥特曼也打败了。"

锐锐总是会跟我讲述一些与区域无关的游戏和材料，我也终于忍不住打断他，让他跟我讲述区域里的游戏，但他并不感兴趣，仍是滔滔不绝地讲述着与区域游戏无关的故事。在后面的教研中，针对幼儿讲述的内容与游戏不一样的情况，我们做了讨论和分析，也得出了结论：尊重幼儿，接纳幼儿。

在倾听中，我看到了善良有爱心的锐锐。"用加特林打死了病毒。""我想让哥哥用手枪把病毒打死，给爸爸一把手枪，给妈妈一把手枪，把病毒都打死。"

锐锐的妈妈之前在家照顾他，现在外出务工，很多时候，我都能感受到锐锐有些缺爱，有时候他会突然沉默；亲子活动只要有家长来，锐锐的情绪就会立马崩溃，会大哭。即便爷爷奶奶再宠爱，缺失的父爱、母爱也无从弥补，我也从他爷爷那里了解到，锐锐最喜欢恐龙，因为恐龙很厉害，他也想变成厉害的人。

渐渐地，我也接纳了锐锐的游戏故事。锐锐每天早上的"heng"，我也跟锐锐说过，在家里可以随时"heng"，但是在幼儿园要控制自己的行为，不能打扰其他小朋友，他也答应了我。虽然现在每天早上还会有锐锐的"heng"，但我想，也许这就是他独特的表达方式吧，他在告诉小朋友，告诉老师，今天我来了。

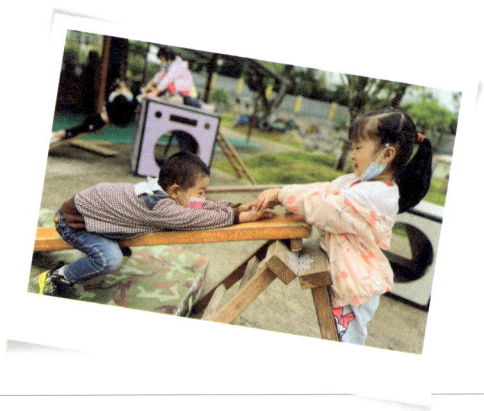

第三个关键词：

🔍 **相信**

这一年，我学会了相信。

在户外自主游戏中，我发现幼儿有着强大的学习潜能和丰富的认知经验。他们让我逐渐相信，孩子不是一张白纸，是有着丰富经验的独立个体。

本学期让我最担心害怕的区域就是3月的综合运动区了，这是我认为的所有区域里最危险的区域。因为材料又多又复杂，且重，所以每每幼儿户外游戏时，我都很担心。

在综合区场地旁有一棵树，不知道是从哪天起，也不知道是谁带头，大家突然就爱上了爬树。看着他们搬来的单梯就这样靠着树，没有任何安全措施，我的心可谓是提到了嗓子眼。当时我就直接制止了他们的游戏，虽然我知道这是错误的行为，但是比起安全，我还是这样做了。

没过多久，一不留神，那棵树下便摆满了材料，

各种梯子、木板、安全垫……看着已经爬上去的寒寒和仙仙，我喊道："你们一定要保护好自己呀！"来不及阻止，只能希望他们安全，不要出现意外。我也收起了手机，一直在树下观望着。看着地上的

安全垫，以及他们淡定的表情，好像这棵树对他们来说不是什么难事，看到他们的表现，站在一旁的我已经把心放回肚子里了。我开始信任孩子，相信他们有保护自己的能力。

在后面的游戏中，看着孩子们从最高的双梯上跳跃而下，我也不再那么担心、那么害怕了，因为我开始相信孩子，如同他们信任我一样。看到孩子们每天专注地投入到自己创设的游戏中，喜悦挂满脸庞，热情不停歇，在游戏中始终保持积极、主动的探究状态，我深信这就是游戏的魅力，这就是"相信"的力量！

一朵花刚开，别评价，让它长大，盛开。我们应该相信孩子的力量；信任孩子，放手孩子。让我们继续去追随、去发现、去成长。

走孩子的游戏之路，
带家长回到童年

文 / 东乌珠穆沁旗第二幼儿园 雪晶

三月末的草原，气温回暖，渐渐有了春天的气息。下午将孩子们送到家长的身边后，我们几位老师也在园里散起了步。看着孩子们欢呼雀跃地奔向自己的爸爸妈妈，画面甚是美好。突然听见一个妈妈问自己的孩子："宝贝，今天在幼儿园玩得开不开心呀？"看似平淡的一句话，却让我们几位老师内心颇有感触，要知道几年前真游戏在我园刚刚实践的时候，家长见到孩子说的最多的话就是："宝贝，你受伤了没有呀？""又疯玩了一天吧！"让家长们能够发自内心地接受真游戏的理念，理解真游戏的意义所在，道阻且长。

家长的质疑：

"孩子每天回来脏兮兮的，游戏有什么好玩的？"

"老师什么都不管，就在旁边看着，不负责！"

"天气多变，万一孩子病了、发生意外了怎么办？"

"孩子天天玩，上小学了怎么办？"

……

这是最初我们面对的最多的质疑，也是家长们心中最大的顾虑。我们地处北方，草原四季分明，夏季炎热，冬季寒冷，春秋季节又多风沙。大多数时候，家长习惯于让自己的孩子在室内进行游戏。而在我们的户外一小时自主游戏时间里，家长对孩子的身体健康、游戏安全，乃至学习都很是担忧。面对家长们的种种困惑、不解，我们深表理解，也认识到我们首先要转变家长的思想观念，使他们对真游戏有更准确的认识与理解，从而支持教师工作、促进家园共育。

带家长回到童年

让家长站在孩子的角度去看待游戏、体验游戏，也是我们转变家长观念的重要方法之一。

在普及《3—6岁儿童学习与发展指南》的同时，老师们也会在家长开放日活动中唤起家长自己的童年游戏回忆，"你们小时候最喜欢的游戏有哪些呢？""你们为什么最喜欢这个游戏？"

"打沙包""翻墙头""斗牛""拿砖头搭房子"……聊起童年，家长的回应总是积极、兴奋的，他们记忆中的童年游戏好像确实没有很多繁复的玩具，但他们玩得很快乐。紧接着，老师会提出问题：

"你们小时候玩游戏是那么开心快乐，为什么现在却要剥夺自己孩子在游戏中得到快乐的权利呢？"家长们被问得语塞，就会重新去思考真游戏给孩子带来了什么。

在童年游戏的情感支持下，家长此时对游戏有着强烈的情感渴望，带领家长亲身体验游戏的过程就是我们的下一步工作。在体验游戏之前，老师们会向家长详细介绍我园户外自主游戏的区域划分以及材料投放，并带领实地参观，最后让家长去自由地体验真游戏。

在体验真游戏的过程中，家长们真实地感受到游戏材料的结构与特点，他们也会和孩子们一样，在游戏里冒险、探索，相互协作、解决问题，也会在成功后高兴地拍手。有位家长动情地说："小时候我的身体要比别的孩子弱一些，但是也喜欢跑出去玩，最开心的就是和我的邻居发小一起跳皮筋，慢慢地身体也变好了。孩子们在户外玩的时候，一定和我小时候一样开心吧！"家长眼里原本无意义的游戏在此刻有了它的意义所在。

在家长体验游戏的过程中，老师们也会像日常工作那样进行观察和记录。游戏结束后，家长们回到班级，和孩子一样进行游戏故事的绘画、记录与分享。家长这才发现，原来在孩子分享游戏故事的过程中，他们会通过回顾游戏过程进行反思，他们的语言、情感等也在这个过程中得到了发展。自然而然地，家长对真游戏以及真游戏材料的信任就建立了起来。

让家长成为孩子游戏的观察者

在家长认可游戏意义和信任游戏材料的基础上，我们邀请家长入园观察孩子的游戏。在观察中，要求家长和老师一样"闭住嘴、管住手、睁大眼、竖起耳"，最大限度地放手让孩子进行真游戏并做好观察记录。让老师们欣慰的是，虽然家长们还是会在孩子爬上高梯时面露紧张，在孩子费力推小推车时想帮忙，但最终家长们还是控制住了自己的脚步。

正如老师们放手后发现了不一样的儿童，家长们在观察游戏的时候也发现了了不起的孩子，他们惊讶于"原来我的孩子这么勇敢""原来他自己可以评估危险、保护自己、保护别人""孩子们的想象力也太丰富了"……总是习惯于为孩子清除一切障碍、包办孩子任务的家长，在观察游戏的过程中重新认识了自己的孩子，发现了他们以前所不曾看到的能力。一个个惊喜犹如彩虹泡泡喷涌而出，让家长们喜出望外，也使得家长更加信任自己的孩子、信任老师，明白了放手的真正意义。

　　我以为户外游戏的时候老师们什么也不管，体验了以后才知道，在一旁看孩子游戏时，老师一定是紧张的。要时刻关注那么多孩子的安全问题，还要为他们做好记录，比起以前坐在教室里，现在真的是不容易。

　　刚才我看见我姑娘爬上梯子要往下跳，我特别紧张，然后发现其他小朋友拿来了垫子垫在下面，等到垫子放好了，我姑娘让那个小朋友站到一边，还左右看了看有没有别人，最后冲我喊"爸爸你看我！"然后砰的一下就跳下来了，站起来拍拍土后还骄傲地冲我比手势，从没见过她这个样子，没想到她这么勇敢，还能和别的小朋友合作，保护别人，很意外、很惊喜！

　　　　　　　　　　　　　　　　　——家长观察游戏后的反馈

把真游戏的收获带回家

　　每个月末，孩子们会把自己的游戏故事带回家中与家长进行分享，这样一来，家长虽然不在园中，但是仍然知晓孩子们在园内是怎样进行游戏的，发现孩子们在想象力、绘画、语言表达上的进步。在孩子们的日常游戏过程中，老师们会把自己拍摄的照片、视频不定时地发送给家长，并在月末进行统一整理，以风趣可爱的小视频形式分享到家长群里。

　　一本由孩子们涂鸦的绘本、一段几分钟的视频既成了孩子的成长记录，又进一步加强了在真游戏实践过程中家长对老师、对孩子的信任，成为家园沟通的纽带。

　　"孩子天天问我妈妈什么时候开学呀，想和小朋友们做游戏啦，说在家里没意思。"这是假期偶遇一位家长时她和我说的话。曾经孩子们哭着闹着不想上幼儿园，而现在他们对幼儿园那么向往与热爱；曾经家长对真游戏、对老师不理解，而现在他们充满了信任与支持。这一路走来虽然艰辛，但却意义非凡。家长们通过幼儿园组织的活动，理解了真游戏的价值，看到了孩子在体、智、德、美等多方面的发展，从情感上真正地接受、认可了真游戏。如今，家长们也正在慢慢地将真游戏带到家庭教育中，家园共育，共同促进孩子的全面发展！

我的"冒险"之旅

文 / 福清市百合幼儿园 郑晶

　　最初听到"冒险"这个关键词，我想到的就是做有挑战的事情。但是"冒险"的含义真的局限于此吗？回想过去三年多和孩子们相处的点点滴滴，我发现自己对"冒险"的感悟在不断发生变化。

一、我眼中最初的冒险

放手游戏的初期，如果你问我"玩积木游戏属于冒险吗？"我一定会回答你："不属于，顶多只有被厚积木砸到的风险吧！"听到冒险，我脑海中首先浮现的画面是大班孩子们玩人字梯和滚筒的场景。在我眼里，冒险时刻多发生在有滚筒和箱子等材料的游戏中。孩子们爬上高高的人字梯才是冒险，站在滚筒上才是冒险。

但"冒险"的内涵真的仅限于此吗？仔细阅读《放手游戏 发现儿童》一书中对"冒险"的注解后，我对"冒险"有了新的理解。"冒险的含义就是根据自己的条件和选择去探索未知……儿童接触并享受物理的、社会的、智力上的冒险……儿童有最大的机会去探索并突破自己能力的极限，解决自己遇到的困难。"原来，不是只有玩挑战性的游戏才有冒险时刻，寻常的游戏时刻也充满着孩子们对未知的勇敢探索与尝试。带着这样的想法，在一次户外游戏中，我有了新的感悟。

二、寻常游戏也充满冒险

这天，我正在观察我们班三个小男孩的地垫游戏，游戏正酣时，睿睿发现了隔壁班一位一直站在一边观看的小女孩宁宁。睿睿问："你要干吗？"宁宁说："我要跟你们一起玩"。睿睿说："你可以进来跟我们一起玩，但是你要脱鞋。"于是宁宁把鞋子脱下放好加入了三人的游戏。

看到这一幕的我，心中涌上无限感动。因为宁宁曾被拒绝加入游戏，虽然当时我安慰了她，但是她的难过我能感同身受。我们作为成人，想要加入他人的活动，尚且会有一丝害怕被拒绝的胆怯，更何况小孩子呢？即使有过被拒绝的经历，宁宁依旧勇于提出请求，她是多么勇敢！勇敢地认识新的玩伴，勇敢地加入他们一起游戏，这难道不是在冒险吗？这一刻，我深深地感受到：不只是从高处往下跳才是冒险，在被拒绝后还勇于问出"我可以和你一起玩吗"，敢于和他人破冰也是冒险，这是孩子们在社会交往方面进行的冒险呢！

斜坡滚物的游戏在孩子们的积木游戏中时常出现，孩子们最初搭建的斜坡结构非常简易，只有一根圆柱体和一块木板倾斜摆放。当孩子们在游戏中不断经历扁圆片不按自己的想法滑下赛道时，他们就开始积极地想办法。一开始是在赛道两侧加上"薄长片"积木，几次游戏之后他们发现只要扁圆片的移动速度稍有变快，"薄长片"积木很快就会倒下。多次游戏后，他们选择了更厚重的长方体积木搭护栏，又拓宽了赛道，这下他们终于可以如愿以偿地体验斜坡滚物的快乐！这些游戏观察告诉我：孩子们不断开动脑筋，想办法解决问题时也是在冒险！

▲ 简易版赛道

▲ 加厚加宽版赛道

当我打破了自己心中对"冒险"一词的固有思维和狭隘理解，我看到了很多孩子们在不断试误中找寻游戏成功"钥匙"的冒险！

地垫是深受孩子们喜爱的玩具。一次游戏时霖霖将两个大的地垫垂直于地面摆放，地上放着小一点的地垫，立着的地垫和平铺的地垫并没有完全贴合，而是有一些空隙。霖霖看着露出来的绿色塑胶地，不是很满意，于是他调整地垫的位置，两分钟过去，多次尝试后，还是没有成功，霖霖着急地说："我们的家还没有搭好。好多办法都没有用啊！怎么办啊！"他没有放弃，越挫越勇，又搬起地垫不断调整，终于找到没成功的原因！他呼唤同伴合作，三个男孩一起把"房子"搭建好，"地砖"也铺平了，霖霖开心地坐在"房子"里休息。

在搬运地垫、摆放地垫的过程中，霖霖积极思考，解决问题，达到心中的目标，在纠正错误中产生新的体验，最终为目标的实现而欣喜！他的游戏行为告诉我：在游戏中敢于接受挑战，表现出"我能"的态度都是在冒险！

▲ 有"缝隙"的地砖

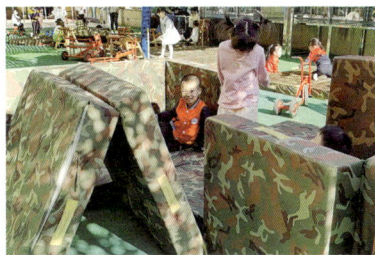
▲ 搭好的"家"

三、小班同样充满冒险

带着对冒险的新理解，今年 9 月我又开始和小班新生在这所快乐的幼儿园一起生活、游戏、学习。他们是那么稚嫩、可爱，这一次我明白了他们的在园生活处处是冒险：第一次和陌生的老师们打招呼是冒险，第一次在幼儿园吃饭是冒险，第一次在幼儿园睡觉是冒险，第一次玩攀爬架是冒险，第一次跟不认识的小朋友说"你好"是冒险……

于是我带着更多的耐心和爱与他们相处，当他们哭着想要妈妈、奶奶、爸爸等自己熟悉的家人时，我不再简单地用"分离焦虑"这个冷冰冰的名词解释孩子哭闹的现象。回想我的童年，第一次上小学时，狭小的班级，四十几个孩子乌泱泱地挤在一堆桌子椅子之间，虽然我没哭，但是我内心也是怕极了。所以我尽可能地共情、理解、陪伴孩子。

第一个月，果果几乎每天早上都需要老师陪着从幼儿园大门走到班级。经过一个月的幼儿园生活，她渐渐有了固定的玩伴，情绪逐渐稳定。第二个月，果果可以抱着小娃娃自己来到班级，还会主动跟我们打招呼："老师，我今天是自己走进来的！"又过了两周，勇敢的果果已经不需要娃娃的陪伴，她大步走到班级门口，自豪地跟每个老师说："老师！我今天没有抱娃娃，是自己走进来的！"原来，我们的果果独立入园的冒险成功了！

整个 9 月，我们都尽量带孩子到户外游戏，在草地上嬉戏奔跑，在沙水区玩沙玩水，在迷宫、游戏厅玩耍，在滑梯上感受速度与激情。

4 岁的安安在活动室里表现出不安的情绪，哭着和我们说"要妈妈"。孩子们来到草地上活动，安安一开始只是站在老师旁边看着其他孩子游戏，过了一会儿，她走到小羽附近，跟着小羽爬组合梯。"老师！你看！我自己爬上来的！"然后她又笑着和小羽继续前进，此时的安安和中午闹着不肯睡觉的安安判若两人。

看着安安在自然环境中逐渐放松，开始与同伴游戏、交往，看着孩子们脸上露出的开心笑容，看着他们在幼儿园吃得香、睡得香，顺利完成他们人生中第一个学校的冒险之旅，我情不自禁地为他们感动，为他们鼓掌！

当我意识到孩子们的生活和游戏中也充满着冒险时，我更加放平心态，不再焦虑；更加贴近孩子，理解孩子说的"我怕""我不敢"或是一言不发。多想想我们曾经的第一次，和孩子们一起放慢步调，慢慢地感受成长吧！

以我的反思带动家长反思

文 / 五峰土家族自治县襄铁幼儿园 方蕾

　　想要让儿童放心大胆地去玩，家长的支持是必不可少的。在家长的传统观念中，孩子的游戏是没有太多价值的，玩只是玩。当孩子为了玩游戏爬到高处时，家长的第一反应都是赶紧去扶着。有的家长甚至会直接说："摔下来怎么办？快点下来！"然后中断孩子的游戏。孩子遇到困难，家长的第一反应不是放手与信赖，而是包办与代替，将"最终答案"送到孩子眼前。改变家长观念是一件十分重要且刻不容缓的事情。对此，我思考了许多切实可行的方法与形式。

一、自我提升

首先是自我的提升，如果我们老师都不能转变自己的观念，何谈去转变家长的观念呢？只有不断充实自己，才能更从容、科学地引领家长。我运用自己的休息时间参加各种教研活动与线上培训，做好每天的游戏观察，把自己的观察所得、所思、所感整理成一篇篇游戏案例，温故而知新。同时这也能作为真实案例分享给家长。

二、开好每一次家长会

我会抓住机会在学期初与学期末的家长会上，与所有家长面对面坐下来沟通、交流。

学期初，我们可以简单回顾一下上学期孩子们在游戏中取得的成果和进步，这学期我们有哪些新的安排，需要家长如何配合并参与进来等。如果是刚入园的新生家长，就以介绍和学习真游戏的理念为主，使家长对孩子即将进行的真游戏有一个大致了解。

学期末，我们向家长总结了孩子们这学期玩的游戏区域和内容，并邀请家长亲身观摩与体验孩子们的游戏，引导家长观察孩子们在玩什么、在说什么，并在游戏后帮助自己的孩子记录好当天的游戏故事。

我们也会注意按照日期保存好每个孩子的游戏故事，在期末时发放到每位家长手中，通过上学期与这学期的对比、开学第一个月到最后一个月的对比，将孩子这一学期的进步与变化直观地呈现在家长眼前。家长们都惊讶于自己的孩子在短短一学期就有这么多的变化和成长！

三、平时的沟通与分享

平时，在班级群，有好的图片、视频、案例、培训，我都会第一时间分享给家长，让所有人可以随时随地在线学习。除此之外，我还会用自己的方式，用家长最容易理解与接受的表达去加以引导，帮助家长转变观念、学会放手。例如，我在家长群分享了孩子们玩泥巴的游戏视频、观察记录以及我的反思。

我对家长说："孩子们在幼儿园通过真游戏发展自己的各项能力，为了更好地支持孩子、观察孩子，我们平时都会撰写游戏观察记录。这里分享我写的其中一篇。孩子们在幼儿园绝对不是简单地玩游戏，一定是玩有所得，在玩中有技能或能力的提升，玩后会思考。老师也不仅仅是照看孩子，我们会想方设法通过材料投放来支持游戏，通过文字记录来反思游戏。"

本月我们班户外自主游戏安排在玩泥区。今天是我们玩泥巴的第二天。

说起泥巴，家长们一定不陌生，我们的童年记忆里，少不了在乡野山林里搓泥巴的场景。可是对现在的小朋友来说，这种体验太遥不可及了，我昨天问孩子们"你们玩过泥巴没有"，多数孩子都摇头。

在这两天玩的过程中，孩子们手法很生涩，放不开手，玩得小心翼翼，生怕小手弄脏一点，因为大人们经常说：不要玩泥巴，会把衣服弄脏。孩子们就记住了。

我认为这是非常值得我们成年人反思的：爱玩是孩子的天性，现在的孩子们玩的玩具多是加工好的成品，对自然材料接触少之又少。他们的内心是很渴望接触这些泥巴的，在我鼓励他们"放开手，大胆玩，弄脏了也没事"之后，孩子们比昨天稍微放开些了。玩的过程中不断有孩子的笑声传来，他们叽叽喳喳地说："泥巴真好玩啊！"

很多时候，我们需要想想，孩子们渴望的是什么，不要让我们的话语束缚孩子的尝试、挑战。

我还跟家长们分享了孩子在综合区的游戏。

什么能给孩子带来创造性？不是直接带孩子去玩滑滑梯、蹦蹦床，而是给孩子各种简单的材料，由孩子发挥想象力思考，由孩子的双手创造玩法。看看孩子们：有的用垫子搭帐篷，帐篷总是垮下来，他们就试试在背后拦个梯子；有的把垫子靠在楼梯上制造坡度，这样就可以变成天然滑梯了；有的躲在箱子里，和朋友们玩自创的狼抓羊的游戏；箱子太高了怎么办？他们想办法，去借助梯子道具往上爬……在真游戏中，孩子的创造力每天都在闪光。

做完这些，你会惊喜地发现，每位家长的观念都发生了变化，他们开始学着放开手、管住嘴。我看到他们从对游戏故事一无所知到变成记录高手；我看到他们谈起自己的孩子在游戏中产生了哪些意料之外的变化时那眼睛闪闪发光、嘴巴滔滔不绝的模样；我看到他们已经学会发现孩子在游戏中所表现出来的友爱、勇敢、独立……

我还收到了一位家长的反馈："真游戏理念特别先进，虽然看上去只是在简单地玩，但玩的过程中发展了孩子的自主探索、创造和组织、社交等各方面的能力。"

其实，经验都是从无到有的，需要一个慢慢积累的过程。家长们没有接触过真游戏，一开始害怕、担忧，那太正常了。想通了这一点，我们就能调整好自己的心态与节奏，像我们信任和支持孩子那样，用家长能接受、能理解的方式去耐心引导。其实为了孩子，父母都是好学的，只要我们老师们继续用科学、合理的方式耐心引导，每位家长都愿意理解孩子、相信孩子，每个孩子都能在理解与支持中成为游戏高手！

我在用水"画画"

文 / 枝江市七星台镇中心幼儿园 姜露

小轩拿来一个空的颜料盘并装满水,又拿了一把干净的刷子,来到轮胎旁边。他用刷子蘸上水,一遍又一遍地来回刷着轮胎,被水涂过的地方颜色更黑了,轮胎上的泥点和灰尘也消失不见了。旁边的小朋友用颜料在轮胎上画画。小轩默不作声地继续用水刷着,每次他用沾水的刷子刷过其他小朋友的涂鸦时,颜料的颜色会变淡一点,来回刷几次之后,颜料原本的颜色就看不出来了,轮胎又变成了黑色。

游戏结束后,我问小轩:"喜欢涂鸦区吗?"他说:"我最喜欢画画了,我会画很多东西:恐龙、汽车、房子……"我又问道:"今天怎么没画呢?"小轩说:"我画了呀,我今天是用水画的,我还把车轮洗干净了呢。"

玩具一定要买吗？

文／芜湖 玉米妈妈、沈阳 晞哲妈妈、湖州 果酱妈妈

孩子看见什么都想玩：

吃饭的勺子挥一挥、敲一敲；

纸杯拿起来叠一叠、听一听；

餐巾纸也要抓一抓、扯一扯；

……

生活中的物品是婴幼儿最亲近、最好奇、最常接触到的材料，也是我们不用额外购买家里就有的「低成本玩具」。

孩子们会怎么探索？

5 月龄 / 开关的碰撞

孩子好像对墙上的开关感兴趣。将他抱到开关前，调整姿势，使他面部向前，手臂可自由按压开关。他会怎么互动？

他不断调整手臂挥舞的方向和力度，一次次地去接触、碰撞开关。一开一关之间，孩子也关注到动作引起的开关变化及伴随的"吧嗒"声，由此建立并强化对因果关系的认知。

如果我们注意到孩子探索事物的兴趣，愿意在生活中支持孩子直接感知、实际操作、亲身体验，并观察孩子探索时的眼神、表情，就会发现：即便是生活中最常见、最简单的物品，也可以成为孩子探索的对象，他们在看似简单的反复探究中习得掌控身体的能力，获得认知和经验的发展。

8 月龄 / 布条甩起来

给孩子一些布条供他探索，他会怎么玩？

捏一捏、拉一拉、扯一扯、甩一甩、咬一咬。孩子充分调动自己的感官去探索布条，在翻来覆去的重复动作中感受布条的材质、形态和重量。

如果我们相信孩子在互动游戏中有丰富的体验，主动为他提供各种各样的生活材料，就会发现：这给了他大量的机会去看、去抓、去感受生活中的物品，积累更多的实际经验。

20月龄 收纳盒游戏

　　小男孩将家里装玩具的收纳盒全部清空，挑选了三个颜色、大小都不同的盒子，排成一列"小火车"，开始研究怎么让"小火车"开起来。

　　他坐进其中一个收纳盒，身子使劲向前蹭了一下，盒子没有动。他又用两只手用力抓住盒子边缘往前推，盒子也没有动。于是他爬出来，换了一个最矮的绿色收纳盒再次尝试，这次也没有成功。之后，他一直在思考办法，反复调整身体和手的配合进行更多尝试。

　　如果我们对孩子在玩什么感到好奇，追随孩子游戏的过程就会发现：孩子想办法让"小火车"开起来的过程如此精彩。他通过不断调整收纳盒的位置、坐进去尝试拉动盒子，反复思考、验证自己的假设，这一"解决问题"的过程正是他不断学习、积累经验的过程。

　　原来玩具不一定要买，常见、易接触的生活物品也可以成为孩子们的"玩具"。哪怕是刚出生没几个月的孩子，我们也可以给他们探索生活物品的机会。他们热衷于通过感官和动作去感受、发现这些物品的材质、特点和功能，在玩的过程中获得认知的发展，建立生活的经验，以低成本换来高效益的发展价值。

　　在为孩子创设时间和机会去探索生活物品的同时，我们也要注意安全和卫生。例如，插座、开水壶等不适合玩的物品要和孩子约定好规则；孩子拿取尖锐、坚硬、易碎的物品时要在旁边保持关注，避免惊吓、催促、拉扯而导致孩子对工具的操作动作更不可控，等等。

　　允许孩子玩生活中的物品吧！

原来家里的废旧物品
也可以这样玩！

文 / 杭州 小麦妈妈、无锡 泽楚妈妈

看到孩子拿起家里的废旧物品，你会阻止吗？

这些旧物都已经被淘汰了，还有什么用？

不就是生活中常见的东西吗，有什么好玩的？

放了这么久一点也不卫生，怎么能给孩子玩？

……

旧物虽然在它的原有用途上"退休"了，

但如果我们将它清洗、消毒呢？

废旧物品也可以成为孩子的玩具哟！

闲置瓶罐 也有探索需要

　　小女孩对收纳箱里闲置的塑料瓶罐很感兴趣，打开箱子让她自由探索。

　　她将箱子里的各种闲置物品拿出来，如奶瓶、奶嘴、杯子等，热衷于将一个物品放到另一个物品中来回倒腾，探索物体的大小、容积。原来，闲置的物品也有让孩子探索的空间和价值。

　　如果我们理解孩子对一切事物的好奇心，允许他们拿一拿、碰一碰，就会发现孩子在抓、拿、放的过程中不断认识、了解物品的特质，获得认知和动作的发展。

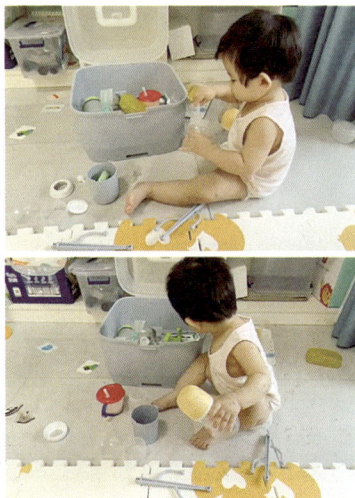

旧餐具 也有无限玩法

　　小女孩吃饭时总喜欢玩餐具，用筷子、勺子敲敲打打，或者拿起碗翻过来。她需要更多的时间和机会去探索这些物品的形状、特征，家里正好有很多淘汰的塑料碗、塑料盘，可以提供给孩子尽情探索。

　　她或是将草莓积木放在碗里，用大勺子舀到另一个碗里；或是把空空的盘子递到风扇前吹一吹，将盘里的"菜"吹凉；或是用小勺子不停搅拌、翻炒，模仿大人炒菜的动作……原来对于接触这个世界只有三四百天的孩子来说，这些已经淘汰的、闲置的旧物都是充满着新鲜感的"宝贝"，她在使用、探索的过程中有许许多多的发现。

　　如果我们愿意给孩子时间、机会尽情地探索，仔细观察孩子是怎么玩、如何玩的，就会发现在孩子的游戏中有重复的动作探究，有丰富的生活经验，有无数的奇思妙想。

空饮料瓶 也能玩得精彩

孩子把家里的空饮料瓶当作保龄球和球瓶，玩起了保龄球游戏。

他将窗台上大大小小的饮料瓶逐个拿下来摆放在地上，可是一个瓶子刚放好，另一个瓶子又倒了。但他没有急躁，瓶子被碰倒了，就再捡起来放好，最终将瓶子摆放成了整齐的一字形。接着，他挑了一个小一点的瓶子，后退几步，将手中的瓶子抛向一整排空饮料瓶，成功碰倒了一个大号饮料瓶。原来，几个空饮料瓶，孩子也能用它设计出这么精彩的游戏！

如果我们尊重孩子的游戏兴趣，给他更多的空间，就会发现他在排列瓶子的过程中始终专注、耐心，为达成自己的游戏目标而坚持不懈。

对幼儿来说，能接触到的一切都是他们认识世界、了解世界的桥梁和纽带，即使是废弃的旧物，在幼儿眼里也是新奇的，充满了新鲜感。我们也应当撕掉废旧物品"没用""不好玩"的标签，尊重孩子的兴趣和好奇心，尽可能地允许他、支持他探索，给予他获得认知发展的机会。

但要注意卫生和安全。例如，那些含有有害物质或是发霉、破损的废旧物品，就要避免让孩子接触；孩子游戏时我们也要保持关注，以免他将废旧物放到嘴里；游戏结束后记得及时带他洗手。

不妨将废旧物品收纳好，洗干净，等待孩子去探索和发现吧！